다음
세대
입니다

다음 세대 입니다

구선우 지음

요즘 애들에 대한
선교적 고찰

이음

나의 몸은 학교에 있지만 마음은 교회에 있다. 몸은 마음보다 힘이 세서 줄곧 나를 하나님에게 다가갈 수 없게 만든다. 아마도 나와 같은 크리스천 청소년들은 오늘도 혼란 속에서 하나님 곁에 온전히 머물지 못하고 있을 것이다. 기도도 열심히 해 보고 예배에도 참석해 보지만, 눈에 보이지 않고 귀에 들리지 않는 하나님의 존재가 잘 느껴지지 않을 때가 많다. 새로운 콘텐츠와 매일 바뀌는 유행어에 익숙해질 때면, 2000년 전 예수님이 우리를 구원하셨다는 복음이 나와 관계없는 역사의 한 사건 정도로 다가온다. 자기 자신의 주인이 되어 살아가는 청소년들의 세계에서 하나님을 주인으로 받아들이는 일은, 마치 내 삶을 빼앗기는 것만 같은 느낌을 준다. 사실 나도 친구들과 마찬가지로 경계선 위에 서 있다. 이 책을 읽으며 나는 교회 안 어른들의 따뜻한 식탁에 초대를 받는 기분이 들었다.

구아정 나들목양평교회 고등부 학생

나는 교회 속 청년이자 교사로, 회사와 사회 속에서 Z 세대로 분류되어 살아가는 다람쥐다. 우리는 갈등이 많은 시대를 살아가고 있다. 교회 안팎에서도 다양한 이유로 갈등이 발생하고 있다. 그리스도인들의 삶의 목적은 사랑이다. 그렇기 때문에 서로를 정죄하고 비난하기보다는 사랑하고 이해하며 살아가야 한다. 갈등이 발생하는 것은 적어도 서로에게 관심을 가지고 있다는 뜻일 테다. 서로를 향한 관심이 있다면 시작이 서툴더라도 갈등은 사랑으로 변화될 가능성이 있다. 다람쥐가 누구인지, 무엇인지는 중요하지 않다. 다람쥐는 다음 세대를 판단하고 규정하기 위한 단어가 아닌 사랑의 단어다. 이 책은 MZ 세대를 바라보는 기성세대를 독자로 가정하고 서술하지만, Z 세대인 나를 객관적으로 바라볼 수 있도록 도움을 주었다.

전재원 삼성제일교회 유초등부 교사

저자는 젊은 세대의 일상과 언어, 그것들을 형성한 배경을 이해하고자 현재의 다양한 문화와 사회적 담론들을 소개한다. 현 세대이면서 교회의 입장에 서 있는 저자는 다람쥐들을 배려하며 그들의 편에서 변론한다. 판단과 교정이 아닌 이해와 공감과 화합의 차원에서 이야기를 진행해 간다. 이러한 점에서 이 책은 다분히 선교적이며 성육신적이다. 다음 세대, 곧 우리 아이들을 향한 인식과 사고의 전환을 따스하게 제안한다. 다람쥐들을 이해하기 위한 저자의 오랜 노력과 신중한 태도는 그 자체로서 선교이며 신자가 지향해야 할 성육신의 실천으로 다가온다. 십 대인 두 아이를 키우는 나에게 근래 들어 가장 소중한 자료이자 지침이 되어 준 이 책을 모든 부모님과 교사에게 추천한다.

이재웅　지우, 연우 아빠

차례

일러두기

이 책이 인용한 성경은 '개역개정판' 제4판이다. 특별한 경우 '새번역'을 표기하여 인용했다.

이 책에서 언급하는 신조어의 기준은 2024년이다.

"요즘 애들은 인사를 안 해."

"바라지도 마셔요."

주일 점심, 교회 식당 안 권사님들의 대화입니다. 교회 안에
는 모든 세대가 어우러져 모여 있는데, 서로 대화가 없다는
사실에 충격을 받았습니다. 인사를 바라시는 것이 대단한
것도 아니고, 마땅한 것이라 여겨져 곧바로 청소년들에게
물었습니다.

"왜 어른들에게 인사를 안 하니?"

"엥. 눈 마주치면 하는데요?"(정확히 "엥"이라고 입 밖으로 내뱉
었습니다.)

교회에서 어른들과 눈이 마주치면 어쩔 수 없이 인사를 한

다는 것이었습니다. 애들의 입장에서는 인사를 하긴 하는 것이었습니다. 하지만 어른들의 입장은 달랐습니다. 교회 안에서 10-20대와 많은 시간을 보내며 그들에게 바른 신앙 전통과 어른들의 입장을 종종 설명하고 가르쳐 왔습니다. 이 작은 사건을 통해 어른들에게 요즘 애들을 소개해야 겠다는 마음이 들었습니다. 여러분도 아셔야 합니다. 연습 문제를 드리겠습니다. 한 청년은 제게 당당하게 이야기합니다. 여러분은 어떻게 생각하시나요?

"청년부 새내기가 되는 고3 친구들이랑 같이 술 마시고 싶어요."

이 청년에게 어떠한 대답을 해 주시겠습니까? 쓸데없는 소리 하지 말라고 꿀밤 한 대 때리고 마시겠습니까? 이 말 뒤에는 이런 부연설명이 따라붙습니다.

"제가 건전한 음주 문화, 술자리 예절은 기가 막히게 가르쳐 줄 수 있거든요. 괜히 나쁜 친구들이랑 어울리기 전에 제가 먼저 가르쳐 주고 싶어요."

이 말까지 들으면 어떤 마음이 드시나요? 그래도 안 되는데, 참 난감해지셨습니까? 이 책을 다 읽고 나면 이 청년과 대화를 오갈 수 있는 어른이 되시리라 기대해 봅니다. 이 이야기는 어린 것들의 푸념이 아닙니다. 진지한 삶의 흔적과 신앙의 고민으로부터 나온 결과물입니다. 교육 전도사로 사역하던 시절 제 자신도 성탄을 기다리며 지쳤던 때가 있습니다. 대림의 시기는 복된 기다림이 아닌, 연례행사를 준비하는 시기였습니다. 정작 가족과 함께하지 못하는 교회 학교의 성탄 축하 발표회는 과연 누구를 위한 것인지, 올림픽이나 월드컵처럼 4년에 한 번 하면 안 될까, 하고 속앓이를 한 적도 있습니다. 그러나 팬데믹으로 인해 지난 몇 년간 교회는 모이지 못했고, 다시 모일 수 있게 되자 교회 안에는 발표회가 아닌 축제의 장이 열렸습니다. 그 안에는 어른들의 합창과 요즘 애들만이 할 수 있는 기쁨의 무대가 벌어지고 있습니다. 트로트, 합창, 드라마 등의 옛 감성과 요즘 애들 감성이 모두 모인 곳이 바로 교회입니다.

'반박시 니 말이 맞음'

요즘 청년들이 자기 생각을 온라인에 올리고 마지막에 붙이는 말입니다. 논쟁을 피하기 위해 내 말에 반박하면 그냥 당신의 말이 맞다고 하는 것이죠. "내 말도 맞고, 네 말도 맞아." 여기에는 나의 주장이 설령 완벽하지 않을 수 있지만 그래도 한 번 자신의 이야기를 들어 달라는 뜻도 담겨 있습니다. 지금 젊은 세대는 각자의 개성이 중시되고 존중받기 원하는 세대입니다.

"네 생각과 다르더라도, 제발 내 말 한 번 들어 줘."

이 책도 마찬가지입니다. 반박하셔도 좋습니다. 젊은 세대에 관하여 각자가 가진 생각이 다를 수 있기 때문이죠. 요즘 애들을 한마디로 단정할 수 없습니다. 이 책은 모든 젊은이의 생각과 삶을 담아 내지도 않습니다. 어두운 방에서 코끼리의 신체 일부분을 만져 보고 코끼리를 안다고 말할 수 없듯이, 요즘 애들에 관한 완전한 이해를 가지는 것은 불가능합니다. 그들의 문화 일부분을 가볍게 드러냄으로써 그들에게 다가갈 뿐입니다.

이 책을 통해 소개하는 대상은 요즘 어린이, 청소년, 청년, 다음 세대, 미래 세대, MZ 세대 등 다양한 호칭을 지니고 있습니다. 그러나 단어에 따라 부르는 이의 시선이 담겨 있어서 사용하기에 매우 조심스러운 것이 사실입니다. 그래서 두루 쓰이는 말 중 가장 두리뭉실한 '요즘 애들'이라는 표현이 적절하긴 합니다. 그러나 이마저도 듣는 편에서 불편할 수 있습니다. 그래서 저는 이들을 존중하는 의미에서 '다람쥐'라는 용어로 그들을 칭하기로 했습니다. 다람쥐는 작고 귀여운 동물입니다. 가을철 산책을 하면 귀여운 다람쥐를 보호해 달라는 그림과 함께 '도토리를 주워 가지 마세요'라는 안내문을 볼 수 있습니다. (다람쥐를 대신해 야생 멧돼지를 지켜 달라고 하지는 않습니다.) 다람쥐는 보호 본능을 자극하는 귀여운 동물입니다. 그러나 다람쥐는 잡식성 동물로서 개구리나 새의 새끼도 잡아먹는다는 사실을 알고 계신가요? 겉모습만 보고 이들을 판단해서는 안 됩니다.

볼이 빵빵해질 정도로 입안에 먹을 것을 한가득 품고 있는 모습을 보면 정말 귀엽습니다. 반면, '다람쥐 밤 까먹듯'이란 속담이 있듯이 다람쥐를 욕심 많은 동물로 생각하는 이들도 있습니다. 그러나 이는 먹이를 저장해 두는 영리한 습관 때문이며 볼 주머니의 탄력도 이와 연관이 있습니다.

다람쥣과 안에는 우리가 흔히 알고 있는 등에 줄무늬가 있는 얼룩다람쥐뿐 아니라, 청설모, 하늘다람쥐, 날다람쥐, 프레리독 등 여러 친척이 있습니다. 다람쥐를 모르면 그냥 다 같은 다람쥐지만, 알면 알아 갈수록 다람쥐에 대한 이해는 더욱 풍성해집니다. 다람쥐라는 말은 '달리기 쥐'라는 의미를 가지고 있습니다. 다람쥐가 쳇바퀴 안에서 달리는 모습을 본 적 있으신가요? 달리는 쥐인 다람쥐는 그저 즐거운 놀이로 쳇바퀴를 탄다는 연구 결과도 있습니다. 물론 어느 순간 스트레스가 될 수도 있지만요. 그러나 사람들은 앞으로 나아가지 못하고 제자리걸음만 하는 모습을 보며 '다람쥐 쳇바퀴 돌 듯'하다고 말합니다. 다람쥐에게 물어보지 않고서는, 즐기고 있는 것인지 벗어나지 못하는 현실 속에 갇혀 지내고 있는 것인지 알 수 없을 것입니다. 그러고 보니 입시 지옥이라 불리는 현장에서 살아가는 청소년들의 현실이 쳇바퀴를 도는 다람쥐를 닮기도 했네요. 스펙 쌓기, 아르바이트, 취업, 결혼, 육아의 삶. 심지어 이것마저 포기해 버리는 삶이 벗어날 수 없는 쳇바퀴 속 다람쥐의 삶과 많이 닮았습니다.

이제 여기서 다람쥐는 바로 이 시대를 살아가고 있는 어린이, 청소년, 청년 등 흔히 다음 세대, MZ 세대로 불리는 요즘 애들을 부르는 호칭으로 쓰입니다. 여러분은 다람쥐에 관해 얼마나 많이 알고 계신가요? 귀여운 동물 다람쥐 말고요. 다람쥐를 보며 당연하다고 여기던 것을 다람쥐의 입장에 서서 다시 한번 생각해 주세요. 그들의 문화 속에서, 그들의 언어를 사용하여 어떻게 복음을 전하고 그들이 성장하도록 도울 수 있을지 고민해 봅시다. 따라서 이 책을 읽고 혀를 차지 마시고, 사랑의 입술을 열어 주시기를 간곡히 부탁드립니다. 혹시나 이 책을 다람쥐가 읽는다면, 그저 공감하며 가볍게 읽을 수 있었으면 좋겠습니다. 다람쥐와 어른들 사이에 이런 이상한 목사도 있구나, 하고 웃으며 넘길 수 있기를 바랍니다.

책의 내용을 어디에서 출발하느냐에 따라 3부로 나누어 구성했습니다. 1부는 교회 밖에서 안으로 들어가며 다람쥐의 문화와 생각을 들여다봅니다. 2부는 교회 안의 다람쥐들이 가진 생각으로 시작합니다. 그리고 마지막 3부에서는 다람쥐와 어른, 우리가 함께 살아가는 삶을 제안합니다.

북유럽 신화에는 '라타토스크Ratatoskr'라는 다람쥐가 나옵니다(더 정확히는 다람쥐의 친척인 청설모입니다). 세계수世界

樹 위그드라실^{Yggdrasill}에 사는 환상의 동물로서, '나무를 갉아 대는 이빨'이라는 이름의 뜻을 지녔습니다. 신화 속 위그드라실은 아홉 개의 세계를 연결하는 신화의 중심을 이루는 생명의 나무입니다. 라타토스크는 이 나무를 갉아 대는 동물이지요. 북유럽 신화 속 다람쥐, 라타토스크는 나무의 뿌리에 사는 뱀과 나무 꼭대기에 사는 독수리 사이를 오가며 험담을 전합니다. 이 험담 때문에 뱀과 독수리는 싸움을 멈추지 않습니다. 이렇게 생명의 나무를 갉아 대고 괴롭힙니다. 라타토스크는 오늘날 귀여운 다람쥐와는 이미지가 다른 듯합니다. 하지만 신화학자들은 라타토스크를 파괴와 재생의 순환이 일어나는 세계수의 생명을 상징하는 존재로 평가합니다. 또한 "라타토스크가 독수리와 뱀 사이에 욕을 옮기는 것은 독수리가 상징하는 하늘과 뱀이 상징하는 지옥의 두 영역을 융화시키는 것"[1]이기도 합니다. 나무의 등을 타고 오르내리는 행동은 하늘과 지하 세계의 끊어지지 않는 연결 고리 역할을 하며, 그의 다소 공격적인 행동도 결국에는 생명의 순환을 통하여 생명 나무를 보호합니다.

　이 책에는 오늘날 다람쥐의 생각과 질문이 담겨 있습니다. 기독교, 신앙, 공동체에 의문을 제기합니다. 공격적인 질문이 믿음의 뿌리를 흔들고 갉아먹지는 않을지 염려될 수도 있습니다. 그러나 의문을 제기하고 질문하며 자기만의 신앙 여정을 걸어가는 길은 북유럽 신화 속 라타토스크가 세계수를 보호하는 방법과 같습니다. 2000년 동안 예수님의 몸 된 교회는 인간의 도전 앞에 여러 변화를 거쳐 왔습니다. 그 안에는 이 땅을 살아가는 인간의 실존, 삶과 문화의 현실이 담긴 질문들이 있었습니다.

이는 인간이 되신 하나님으로 인해 가능한 일입니다. 예수님은 인간의 질문에 삶으로 답하셨습니다. 하나님의 선교는 언제나 인간의 질문에 대한 응답이었습니다. 하늘의 언어가 이 땅의 언어로 번역되었습니다. 생명의 나무 위그드라실의 재생의 순환처럼, 번역은 한 번으로 끝나지 않고 계속 이어집니다. 오늘도 이 땅에 맞는 갱신이 이루어지고 있습니다. 세상 문화와 사조에 공격을 당하는 것이 아니라, 사람들의 질문과 도전을 사랑으로 응답하고 계십니다. 이렇게 번역과 쇄신의 과정을 겪으며 하나님의 교회는 생동감 넘치게 살아왔고, 지금도 살아가고 있습니다.

한국 교회는 지금 새로운 옷을 재단하는 과정 가운데 있습니다. 팬데믹은 세상의 변화에 교회가 어떻게 대응해야 할 것인가에 대한 깊은 질문을 제기했습니다. 비대면 예배 등 온라인 사역이 활성화되면서 모이는 예배의 탄력을 잃어버렸습니다. 여러 부침이 있을지라도 이러한 과정을 통해 기독교 신앙은 무너지지 않을 것이라 믿습니다. 거룩한 진보를 위해서는 고착화된 교회의 언어, 신학적 언어가 아닌 새로운 언어가 필요합니다. 이 새로운 언어는 바로 다람쥐, 곧 젊은이들에게 있습니다. 귀여운 겉모습만 보고 함부로 결론 내리지 맙시다. 다람쥐들은 변화하는 세상을 누구보다 잘 알고 있습니다. 쳇바퀴 속에서 미래만을 준비하고 있는 듯하지만, 이들은 교회와 세상에서 이미 오늘도 살아가고 있습니다. 이제 이들의 목소리에 귀를 기울여 봅시다.

누군가는 교회 안에 다람쥐들이 질문하기를 멈췄다고 말합니다. 그러나 작은 목소리들은 분명히 들려옵니다. 이들에게 억지로 답을 주려고 하지 맙시다. 작은 목소리, 곧 그들의 질문을 하나둘 이해하기 시작하면 됩니다. 속 시원한 뚜렷한 답이 없어도 괜찮습니다. 질문보다 묻는 이의 마음 속 깊은 뜻이 중요하기 때문입니다. 그들의 삶의 자리를 이해하고, 답을 찾아가도록 도와줍시다. "질문해도 괜찮아. 힘들었구나. 내가 옆에 있을게"라고 말해 주며 안전한 공간을 만들어 주면, 점점 질문도 많아지지 않을까요? 이 책이 이러한 일에 사용되기를 꿈꾸어 봅니다.

다람쥐 말, 곧 요즘 애들의 언어, 신조어를 많이 소개하는 이유도 여기에 있습니다. 다소 생소한 말들이 넘쳐 나더라도 다람쥐를 사랑하는 마음으로 읽어 주세요. 이들의 언어를 느껴 보세요. 머리가 아닌 마음이 필요합니다. 이 책을 통해 다람쥐들의 삶에 관심을 기울이기 시작했다면 그것으로 충분합니다. 이제 다 알았다가 아니라, 이제 시작입니다. 마지막으로 신조어 하나만 소개하겠습니다. 바로 '폼 미쳤다!'입니다. 들어 보셨나요? 경기력, 기량이 뛰어난 운동선수들을 칭찬하던 말이 대중화되어 다람쥐들의 칭찬의 대명사가 되었습니다. 주님의 몸 된 교회, 언제까지 비난의 대상이 되어야겠습니까? 이제 이런 말이 많이 들려 오길 기대합니다.

"와. 이 교회, 폼 미쳤다!"

함께 해 준 최병인 편집장에게도 감사를 드립니다. M 세대 또래와 책을 함께 만들었기에, 이 책이 부모 세대에게 바치는 전상서前上書가 되기를 기대합니다. 예쁜 옷을 입혀 주신 이차희 디자이너님, 추천사를 써 주신 구아정, 전재원 님께 감사드립니다. 여러분이 주신 다람쥐의 편지를 통해 이 책이 다람쥐에게도 닿기를 소망해 봅니다. 아버지의 마음을 담아 주신 이재웅 대표님에게도 감사드립니다. 자녀들이 안전하고 자유롭게 뛰놀 수 있는 세상을 꿈꿉니다. 이 꿈은 우리 가정에서부터 이루어 가야겠지요. 아내 연진과 저의 두 다람쥐 제하, 제이에게 이 책을 드립니다.

1부

밖에서

라떼는 말인가요? Is Latte a horse?

다람쥐는요(놀라셨나요? 다람쥐는 이 책에서 요즘 애들을 일컫는 말입니다) "나 때는 말이야"로 시작하는 이야기를 불편해 합니다. 누구나 자신의 경험이 있고 그것을 말하는 것을 좋아하지만, 듣는 사람들은 그 경험과 다른 경험을 굳이 듣고 싶어 하지 않습니다. 물론 누구나 이 말을 좋아하지 않습니다. 그러나 요즘 젊은 친구들은 더 싫어합니다. 그래서 카페 메뉴인 '라떼'와 발음이 비슷하다는 이유로, '나 때'를 '라떼'로 바꿔서 재미있는 밈^{meme}이 생겨났습니다(밈은 어떤 특정 요소가 언어, 이미지, 영상 등으로 변조, 재생산되어 확산하는 문화 유행을 뜻합니다. 자가복제하는 유전자^{gene}와 그리스어 모방 ^{mimeme}을 합쳐 만든 리처드 도킨스의 학술 용어가 복제되어 사용되고 있습니다). 거기에 '말'은 동물 '말'로 변해서 말이 커피를 마시는 그림들이 인터넷상에서 유행처럼 돌아다니고 있습니다. 그만큼 어른들의 '말'이 불편하다는 것이겠지요.

인터넷에서 많이 사용되는 용어인 밈이 나왔으니, 인터넷과 핸드폰 이야기를 먼저 해 봅시다. 20세기 말부터 정보화 시대가 이어지며, 연이은 IT 기술의 발달로 요즘에는 손 안에 인터넷이 들어왔습니다. 그전까지는 이른바 매스미디어mass media의 시대로, TV가 중앙집중적인 매체의 역할을 담당했습니다. 아이들은 다 같이 만화 영화를 보고, 어른들은 다 같이 뉴스를 보던 시대였지요. 1990년대에는 유선 전화선을 끌어다 쓰는 PC통신은 전화 요금이 많이 나올까 두려워 누구나 쉽게 접하지 못했고, 당시 젊은이들만의 전유물이었습니다. 1999년 ADSL(비대칭 디지털 가입자 회선)의 등장으로 초고속 인터넷 시대가 열렸습니다. PC통신 시절 인터넷 최고 속도가 56kbps에서 ADSL 인터넷은 8Mbps로 향상되었습니다. 무려 100배가 넘게 속도가 빨라진 것이지요. 전화선 모뎀 인터넷이 유선 인터넷을 거쳐 무선까지 가능해졌습니다. 2024년 현재 기준 최대 10Gbps 속도의 유선 인터넷과 그것을 뛰어넘는 최고속도 20Gbps의 5G 무선 인터넷 서비스가 실시되고 있습니다.

인터넷 속도는 빨라졌지만, 더 큰 혁신은 스마트폰의 등장에 있습니다. 인터넷은 그동안 PC로만 사용이 가능했습니다. 1990년대 중반 PDA^{Personal Digital Assistant}폰(개인용 디지털 단말기)이라는 인터넷이 되는 핸드폰이 등장했지만, 개인용보다는 기업용으로 주로 사용되었습니다. 비싸고 용도가 한정되어 있어, 핸드폰이라기보다는 사무기기에 가까운 개념이었습니다. 그러다 2007년 미국의 애플사에서 처음으로 아이폰이 제작되었고, 한국에는 2009년 '아이폰 3G'와 '아이폰 3GS' 모델이 처음으로 출시되었습니다. 삼성에서는 2008-2009년 '옴니아' 시리즈를 거쳐 2010년 '갤럭시 S'를 출시하여, 오늘날까지 이어지고 있는 아이폰과 갤럭시라는 스마트폰의 양강 체제를 구축하게 되었습니다. 이렇게 새로운 미디어와 커뮤니케이션의 시대가 열렸습니다.

인터넷과 스마트폰의 발달을 떠올려 봤습니다. 여러분의 첫 번째 인터넷과 핸드폰 경험은 무엇인가요? 저는 PC통신과 PDA폰을 사용하지는 못했고, 하나로통신과 KT 메가패스라는 ADSL 인터넷을 사용한 세대입니다. 2009-2011년 군 생활을 한 덕분에, 군 간부들이 스마트폰을 자랑할 때마다 배가 아팠습니다. 그러다 남들보다 늦은 시기인, 아이폰

4S가 제 첫 스마트폰이 되었습니다. 지금은요? 스마트폰의 탄생이 이미 까마득한 옛날 일이 되었습니다.

여러분은 스마트폰이 없는 세상을 상상할 수 있으신가요? 스마트폰 이전의 시대를 사셨다면 불편해서 어떻게 살았었지, 하고 자문하실지도 모릅니다. 이렇게 동네 아이들이 한자리에 모여 만화 영화를 보던 시대에서, 각자 자기 방에서 취향에 맞는 유튜브 영상을 보는 시대가 되었습니다.

언제 태어났는가에 따라서 접하는 세상이 다릅니다. 세대 이론이 이러한 관점을 제시합니다. 요즘 많이 쓰이는 세대 구분은 미국의 세대 이론가 윌리엄 스트라우스William Strauss와 닐 하우Neil Howe의 영향을 받은 것입니다. 그들은 세대 주기generational cycle에 따라 또래의 유사한 인격적 특성을 지닌 동질 집단으로 한 세대를 약 22년으로 구분합니다. 이러한 정의에 따라 침묵의 세대(Silent Generation, 1925-1942년생), 베이비붐 세대(Boomers, 1943-1960년생), X 세대(Gen X, 1961-1981년생) 등으로 나누어 그들의 특성을 분석했습니다. 그리고 M 세대(The Millenials, 1982-2003년생)란 용어를 처음으로 사용하기도 했으니, 이러한 미국식 세대 구분이 한국에서도 사용되고 있는 셈이지요.[2]

요즘 세대 구분은 스트라우스와 하우의 M 세대 정의를 세분화해서 사용합니다. 지겨울 정도로 사용되고 있는 'MZ 세대'입니다. 이 둘은 같이 쓰이기도 하지만, M 세대와 Z 세대를 구분하는 표현이기도 합니다. 밀레니얼 세대, 곧 M 세대는 X 세대의 뒤를 잇는다고 해서 Y 세대라고도 불렸습니다. 예전에는 휴대폰 요금제 등에서 Y 세대란 표현이 많이 사용되었습니다. 알파벳 순서에 따라 X, Y 다음이 Z입니다. Z 세대는 Y 세대의 후배들로 1995년 정도를 기점으로 그 이후 태어난 이들을 부르는 말이 된 것입니다(Z 세대 이후의 세대는 알파(α)세대라고 합니다. 2010년대 초반부터 태어난 이들로, 현재 유치부, 초등부 어린이들은 Z 세대와도 또 다르다는 의미가 되겠네요).

이마저도 다시 묶여서 엠지, 엠제트를 한 단어처럼 주로 부르고 있습니다. M 세대인 제 입장에서 보면 M과 Z는 확연히 다릅니다. Z 세대 친구들도 마찬가지로 MZ를 묶는 것을 싫어합니다. 아예 MZ라는 말 자체에 피로감을 드러내기도 합니다. M과 Z의 차이는 무엇일까요? 고전적인 세대 구분에 따르면, 같이 묶여도 이상할 것이 없는 M 세대와 Z 세대는 왜 이렇게 서로를 구분하고 싶어 할까요? 문화가 그만큼 다른 것이겠죠. 이 문화의 차이는 어린 시절 IT 경험의 차이에서 생깁니다. 저를 포함한 M 세대들은 성인이 되어서야 스마트폰을 접할 수 있었습니다. 반면 Z 세대들은 이미 청소년기에 스마트폰을 접한 세대입니다. M과 Z의 가장 큰 차이가 바로 스마트폰 경험의 차이입니다. 물론 부모 세대의 IMF를 간접적으로 경험하고, 새천년의 도래를 직접 보고 2002년 월드컵을 즐겼는가가 M과 Z 세대를 구분하는 사회적, 역사적 경험의 차이라고 할 수 있겠지만, 가장 큰 문화의 차이는 스마트폰을 어린 시절부터 경험했느냐 안 했느냐에 있습니다.

도대체 스마트폰이 뭐길래 굳이 두 세대를 그것으로 구분하냐고 물으실지도 모르겠습니다. 그리고 두 세대를 굳이 구분해야 하냐며 MZ 세대를 묶어서 생각하실 수도 있습니다. 그러나 M 세대와 Z 세대, 이 두 세대는 스마트폰의 경험 차이에서 삶의 방법과 철학마저 다르게 나타나고 있습니다. 밀레니얼 세대는 청소년 시절 부모님과 친구들과 함께 광장에 나가 2002년 월드컵을 응원했다면, Z 세대는 핸드폰 안에 영상으로 당시의 감동을 경험하고 있습니다. 밀레니얼 세대는 1988년 서울 올림픽을 주로 선배들의 이야기와 한

정된 자료를 통해 접하며 아, 그땐 그랬구나, 라고 이해하곤 합니다. 그러나 Z 세대는 선배들의 이야기가 아니라 마음만 먹으면 2002년의 상황을 직접 눈으로 확인할 수 있는 세대인 것이지요. 그것도 컴퓨터가 있는 PC방이나 자기 방에서만 볼 수 있는 것이 아니라, 어려서부터 사용이 익숙한 스마트폰, 태블릿PC 등을 통해 어디서나 손쉽게 확인하고 즐길 수 있습니다. 이 차이가 얼마나 큰 것인지 공감이 되시나요?

교회의 예를 한번 들어 볼까요? 이 무렵 밀레니얼 세대 기독 청년들은 '천관웅 세대'라 불릴 만큼 천관웅 목사님의 디사이플스를 비롯하여, 예수전도단의 화요모임, 캠퍼스워십, 어노인팅 등 찬양 집회에 모이는 경험을 많이 했습니다. 이는 1990년대 경배와찬양 운동이 한 단계 발전을 한 것입니다. 2000년대에 접어들어 가수만 노래하는 것이 아니라, 관객이 함께 노래하는 '떼창' 문화가 생겨나던 즈음, 익숙한 음악 장르로 함께 모여 직접 찬양하는 집회는 밀레니얼 세대에게 딱 맞는 옷이었습니다. 이 무렵 M 세대가 교회에 돌아와 찬양팀을 만들며, 직접 밴드 음악을 연주하기 시작했고 Z 세대는 이 유산을 받았습니다. 그래서 교회 안의 기타,

드럼, 신디사이저를 활용한 찬양팀 문화가 현재까지 이어지고 있는 것입니다. 찬양 30분, 설교 말씀 30분이라는 '젊은이 예배'의 형식은 이때부터 이어진 것이라고 볼 수 있습니다. 차이가 있다면 모이는 찬양 집회가 많이 줄어들었고, 전문 찬양팀의 찬양 영상을 유튜브를 비롯한 인터넷을 통해 접하는 데 더욱 익숙해졌다는 것입니다. 요즘은 전문 찬양팀뿐 아니라, 교회나 개인도 찬양 영상을 서로 공유합니다. 사역팀들도 비슷한 변화를 맞이했습니다. 제이어스, 위러브, 브라운워십 등의 요즘 찬양팀들은 미디어 콘텐츠 사역으로 그 지평을 넓혀 가고 있습니다. 그리고 마커스워십, 어노인팅 등을 통해 명맥을 이어 오던 주중 정기 찬양 집회 문화는 팬데믹으로 인해 어려움에 처하게 되었는데, 이는 변화를 가져오기도 했습니다. 요즘의 마니아 문화와 만나 콘서트화되어, 티켓팅을 통해 찬양 집회에 참석할 수 있게 된 것입니다. Z 세대에게는 아주 익숙한 방식입니다. 한 단체의 찬양 집회는 10분 만에 티켓팅이 마감되기도 했습니다. 이제 찬양 집회 티켓팅에도 클릭 경쟁이 생겼습니다.

M 세대와 Z 세대의 예배 문화도 다르게 나타나고 있는데, 찬양과 설교 중심의 예배는 크게 변하지 않고 있습니다.

온라인 예배 등 새로운 모습이 나타나지만, 온라인 예배는 현장 예배의 중계가 대부분입니다. 이렇게 큰 차이를 못 느끼는 이유는 Z 세대에 맞는 문화의 옷을 입은 예배가 아직 활성화되지 않고 있기 때문입니다. 그나마 '메타버스를 활용한 교회 학교'의 등장은 눈여겨볼 만한 지점입니다. 주의해야 할 점은 밀레니얼 세대는 메타버스에 익숙하지 않다는 것입니다.

M 세대와 Z 세대의 차이가 느껴지십니까? 교회 안에도 M 세대와 Z 세대의 차이가 보이고 있습니다. 이렇게 차이가 많은데, MZ라고 묶으니 얼마나 억울하겠습니까. 게다가 이제는 알파 세대까지 분석을 해야 하는 시점입니다. 그러니 이 책에서 그냥 새로운 말을 사용하겠습니다. 바로 다람쥐라고 말이죠.

"나 때는 말이야"라는 말은 누구나 듣기 싫어하는 말이지만, 요즘 다람쥐들이 더 듣기 싫어하는 이유가 있습니다. 그들은 굳이 선배들의 이야기를 듣지 않아도 선배들의 '라떼'를 알 수 있습니다. 많은 정보가 손안에 있습니다. 직접 확인할 수 있는 길이 열렸습니다. 가만히 앉아서 남의 말을 듣기보다, 자신이 원하는 정보를 빨리 찾는 것이 이 친구들에게는 더 편한 셈이지요. 2002년 태극전사들의 활약을 직접 볼 수 있고, 디사이플스의 찬양을 직접 보고 자신들만의 예배 음악으로 바꿀 수 있습니다. Z 세대 다람쥐들은 경험하는 것이 많습니다. 그러다 보니 직접 경험하지 않은 것에 마음을 쓰는 것이 어렵습니다. 더 실제적이고 감각적인 것에 집중하고 있습니다. 어른들의 경험은 소중합니다. 그러나 이들은 더욱 많은 것을 경험하고 있고, 스스로 확인을 할 수 있어야 자신의 것으로 삼습니다.

신앙에는 전통이 중요합니다. 그런데 "라떼는 말"이냐며 선배들의 말에 귀를 기울이지 않는 세대에게 전통을 어떻게 가르칠 수 있을까요? 앞으로 다룰 문제들은 전통과 새로운 문화와의 충돌로 인해 생겨난 것들이 대부분일 것입니다. 문제를 극복하기 위해 새로운 문화들에 먼저 관심을 가져 주시기를 기대합니다. 전통보다 더 중요한 우리에게 주어진 하나님의 말씀을 받아들이는 태도도 큰 문제입니다. 요즘 젊은 친구들에게 성경 말씀은 무슨 의미일까요? 2000년 전의 이야기가 영상도 아닌, 글로 적혀 있습니다. 자신과는 너무 먼 이야기로 다가올지도 모릅니다.

감리회, 성결교 등 웨슬리안 전통 교회의 아버지인 존 웨슬리 목사님은 성경 말씀을 중심으로 전통, 이성, 경험이 신앙과 신학의 중심축이라고 가르쳤습니다. 그중에 한 가지, '경험'이 젊은이들의 문화에 크게 다가오고 있는 것입니다. 이 불균형을 어떻게 균형 맞출 수 있을까요? 기회는 있습니다. 하나님의 말씀은 살아 있고 힘이 있습니다! 2000년 전 예수님과 그리스도인들의 이야기는 그때로 끝난 것이 아닙니다. 선배들의 이야기가 오늘날 나의 진짜 삶의 이야기가 된다면 젊은 친구들은 누구보다 진지하고 뜨겁게 믿음을 가질 수 있을 것입니다.

"하나님의 말씀은 살아 있고 힘이 있어서, 어떤 양날칼보다도 더 날카롭습니다. 그래서, 사람 속을 꿰뚫어 혼과 영을 갈라내고, 관절과 골수를 갈라놓기까지 하며, 마음에 품은 생각과 의도를 밝혀냅니다"(히 4:12, 새번역).

인터넷 세상에는 많은 정보가 있습니다. 예전에는 같은 것들을 공유하고 살았습니다. 하지만 지금은 연결은 더욱 쉬워졌지만, 연결이 쉬워졌기에 저마다 자신만의 것을 보고 살아갑니다. 다람쥐들은 어디든 접속할 수 있고 무엇이든 찾아볼 수 있습니다. 이는 복음도 마찬가지입니다. 젊은 친구들이 복음을 접할 기회와 길이 더욱 다양해졌습니다. 무분별한 정보 사회에서 분별할 수 있는 능력을 기를 수 있도록 도와야 합니다. 무엇보다 젊은 그 길을 다람쥐들, 특별히 Z 세대 다람쥐들의 눈높이에서 찾고 만드는 일은 새로운 과제이자 돌파구가 될 것입니다.

어른이 되세요

"어른이 되세요"라는 말을 들어 보셨나요? 쉽게 생각하면, 나잇값 좀 하라는 뜻으로 유추할 수 있을 것입니다. 그런데 이 말도 LOL(리그 오브 레전드)이라는 게임에서 주로 사용되는 인터넷 밈입니다. 한 프로게이머가 자신의 팀 감독에게 실망하여 한 말로 화제가 되었습니다. M 세대와 Z 세대로 구분해서 계속 이야기해 보자면, Z 세대의 어린 팀원이 M 세대인 연장자 감독에게 직설적인 멘트를 한 것입니다. 당시 이 말을 들은 팬들은 충격을 받았고, 지금도 인터넷상에서 나잇값 못하는 장면이 나오면 '어른이 되세요'(혹은 이를 비튼 말인 '오른이 되게 세요')라는 밈이 사용되곤 합니다.

'다람쥐는 예의가 없구나'라고 단순하게만 받아들이지 않으셨으면 좋겠습니다. 감정적인 부분을 제하고도 이런 말을 재미로 편하게 할 수 있다는 것을 생각해 보면 이들의 문화를 읽을 수 있습니다. 나이가 많다고 무조건 인정하지 않는다는 것이지요. 동방예의지국, 삼강오륜의 나라에서 무조건 중요하게 여겨지던 나이의 벽이 허물어지고 있는 것입니다. 나이에 상관없이 모두가 친구가 되는 서양의 문화를 생각해 보면 이해가 빠르실 것입니다. "Hey, Peter!"와 같이 형에게도 별다른 호칭 없이 이름만 넣어서 부르는 것처럼 말이죠. 물론, 태어난 해를 기준으로 나이를 정하고 유급 제도 없이 학년이 올라가는 시스템이 변하지 않는 한 우리나라에서 '형, 누나, 오빠, 언니'라는 호칭은 쉽게 사라지지 않을 것입니다. 그러나 젊은 세대의 문화에서는 나이의 중요성이 과거보다 약해지고 있다는 점을 주목해야 합니다.

"민증(주민등록증) 까 봐!"

이 말은 더 이상 다람쥐의 유행어가 아닙니다. 철이 한참 지났지요. 학교 안에 선후배 문화, 군대의 선후임 계급 문화 등은 점점 약해지고 있습니다. 지금까지 나이를 무조건 중요하게 여겼다면, 이제는 다른 양상들이 나타나고 있습니다. 그렇다고 서열을 매기지 않는다는 것은 아닙니다. 능력으로 평가받는 사회, 곧 능력주의 사회가 되면서 나이가 아닌 다른 기준들로 서열을 매기고 있는 것입니다. 정치권에서 '공정'이라는 키워드가 중요하게 사용되고 있는데, 젊은 세대가 이에 반응하고 있습니다. 능력주의가 과연 공정한가에 대해서는 더 논의해야겠지만, 요즘 젊은 세대의 문화를 여기서 찾아볼 수 있습니다.

다람쥐들은 나이로 평가받는 것을 싫어합니다. 또한, 앞선 글에서 이야기한 것처럼 선배들의 경험을 중요하게 여기지 않고 (가능한 것인지는 결단코 모르겠지만) 자기 자신 그 자체를 객관적 평가 위에 두고 싶어 합니다. 주눅 들지 않고, 자기 자신을 잘 드러내는 당당함은 긍정적인 모습이기도 합니다. 급변하는 세상 가운데 구태의연함에서 벗어나 새로운 것을 만들어 내는 능력이 바로 이들에게 있습니다.

교회 안에도 이런 문화가 있을까요? 쉽게 찾아보기는 어렵습니다. 교회 안 다람쥐들은 어른들 말씀대로 '착한 애들'이기 때문일까요? 교회 안에는 버릇없는 청소년과 청년은 찾아보기 힘들고 공경의 문화만 남아 있습니다. "아 다행이다!"라며 넘기고 끝낼 일은 아닌 것 같습니다. 정말 없는지,

왜 없는지에 대해서 한번 같이 생각해 보셨으면 좋겠습니다.

정말 없을까요? 젊은 세대의 문화 풍토 속에서 이런 마음을 가진 사람들이 교회 안에도 없지 않을 겁니다. 젊은 세대가 가는 곳 중 교회만큼 어른이 많이 모여 있는 곳도 없습니다. 제 생각에는 그냥 참고 사는 것 같습니다. 한 젊은 가수는 당당하게 외칩니다. 선생님 말씀이 그저 그런 '참고 사항일 뿐'이며, 그저 그리 '참고 살아갈 뿐'이라고요.[3] 교회 안에서 권위에 순종하라는 말씀에 토 달지 않고 신앙생활을 하는 이유도 참고 살아갈 뿐일지 모릅니다. 아니면 교회를 떠나 버립니다. 2021년 한 단체가 조사한 바에 따르면, 청년이 교회를 떠나는 핵심 요인의 첫 번째가 목회자였습니다. 목회자의 태도에 실망하기도 하며, 목회자에게 존중을 바라고 있는 이들이 있습니다. 여기에 한 응답자는 이렇게 답했다고 합니다.

신앙적으로 잘 세워지는 것도 중요하지만 기본적으로 인성을 갖춰야 한다. 보통 말이나 행동에서 드러나는데, 어린 청년들에게 초면에 반말하는 것에서도 (인성이) 드러난다. '이 사역자가 나를 진짜 존중하고 있구나' 하는 생각이 드는 게 중요하다.

존중받지 못해 속상하여 교회를 떠나는 청년들이 많다는 것을 알고 계셨습니까? 감히 평신도, 특히 젊은 청년이 목사님의 '인성'을 논한다는 것 자체로도 불쾌하실지도 모르겠습니다. 그러나 이것이 현실입니다. 교회를 떠나는 다른 요인들은 '청년부 공동체적 요인(진입 장벽이 높음)', '개인 신앙에 대한 회의감', '기성 교회 내 직분자들과의 관계'였습니다.⁴ 목회자뿐 아니라, 교회 중직자들의 영향을 받아 교회를 떠나기도 한다는 것입니다.

남아 있는 우리 신앙 공동체가 튼튼하게 세워져 나가는 것도 중요하지만, '착하지 않은 애들'이 어떻게 교회에 다시 돌아올 수 있을지 선교적 차원에서 더 고민하고 기도해야 할 때입니다. 이런 다람쥐들을 어떻게든 교회로 데려와 예의를 가르칠 것이 아니라, 공동체의 진입 장벽을 낮추면서 복음의 본질을 지킬 수 있는 방법을 깊이 연구해야 할 것입니다. 그리고 교회 안에 남아 있는, 곧 떠날지 모르는 '고위험군' 다람쥐의 목소리에도 한 번쯤 귀를 기울여 보는 것은 어떨까요? 이들이 마지막으로 남아 있는 열쇠일지도 모릅니다.

잃은 양 비유가 떠오릅니다. "너희 생각에는 어떠하냐 만일 어떤 사람이 양 백 마리가 있는데 그 중의 하나가 길을 잃었으면 그 아흔아홉 마리를 산에 두고 가서 길 잃은 양을 찾지 않겠느냐 진실로 너희에게 이르노니 만일 찾으면 길을 잃지 아니한 아흔아홉 마리보다 이것을 더 기뻐하리라"(마 18:12-13). 양 한 마리, 한 마리를 사랑해야 하지 않겠습니까? 군림하고 싶은 것이 아닙니다. 교회의 주인이 되고 싶은 것이 아닙니다. 다만, 자신을 존중하지 않는 것이 불편할 뿐입니다. 나이에 따라 서열을 나누고, 부당하게 위아래로 나뉘는 것을 거부합니다. 어리다는 이유만으로 낮게 대해서는 안 됩니다. 또한, 동시에 어린이처럼 귀하게 대해 달라는 것도 아닙니다. 참 어렵습니다. 도대체 이들을 어떻게 대해야 할까요?

젊은 세대는 개인의 경험을 중요하게 생각합니다. 이 경험의 중요성을 무시할 수만은 없습니다. 경험할 곳이 많이 생겨났습니다. 유명한 목사님의 설교가 인터넷 세상에 공유되고 있습니다. 청년들은 마음만 먹으면 다른 교회의 설교를 들을 수 있습니다. 그렇다면 지역 교회에서 할 수 있는 일은 무엇일까요? 계속해서 권위적인 설교로만 승부를 거시겠습니까? 나이로 평가하지 않고, 청년을 신앙 공동체의 주체로 세워야 하지 않을까요? 다람쥐가 원하는 공동체는 무엇인지 묻고, 그러한 공동체를 만들어 가야 합니다.

다람쥐들은 기성세대를 어떻게 바라보고 있을까요? '꼰대'라는 단어로 이들의 생각을 어느 정도 이해할 수 있습니다. 꼰대라는 말은 정말 많이 쓰여서 굳이 설명하지 않아도 알고 계실 것입니다. 권위적인 어른들을 비하하는 은어입니다. 요즘은 조금만 가르치려고 들어도 꼰대 소리에서 벗어나기 쉽지 않습니다. 어른들은 꼰대가 되는 것을 무서워하며 인터넷에서 꼰대 자가 테스트를 실시합니다. 여러분은 꼰대이십니까?

어른이라는 것 자체가 결코 잘못은 아닙니다. 다람쥐들이 어른을 다 같은 어른으로 생각하지 않는다는 것을 언짢으시겠지만 알아주시기 바랍니다. 그리고 혼내기 이전에 다람쥐들을 한 번 더 이해하기 위해 마음을 여셔야 합니다. 요즘 젊은이들이 생각하는 선이란 게 있는 듯합니다. 어느 책에도 그 선이 무엇인지 나와 있지 않습니다. 개인마다 차이가 있고, 고정된 정답이란 없습니다. 이들의 주관적 기준에 너무 억지로 맞추려고 하지는 마세요. 그 마음을 한 번 더 헤아려 보는 것으로도 충분합니다. 물론 이 시대를 살아가는 다람쥐들도 알았으면 좋겠습니다. 자신도 언젠가 어른이 될 것이라는 사실을요. 나잇값 제대로 하며 멋지게 늙어 가기를 응원합니다!

주인의식

주인의식. 자기 자신을 주인이라고 인식하는 것을 주인의식이라고 합니다. 자신이 어떤 조직의 주인이라는 생각을 가지고 주인답게 행동하라는 말로 주로 쓰입니다. 단순한 책임감보다 더 강한 마음을 의미합니다. 무엇을 하든 억지로 하는 것이 아니라, 주인의식을 가지고 자기 일처럼 하는 것이 중요하겠지요. 어떤 조직이든 애사심처럼 조직을 사랑하는 마음과 그 조직 안에서 바로 이 주인의식을 강조합니다. 요즘 다람쥐들은 바로 이 주인의식이 거의 없습니다. 젊은 세대와 함께 일을 하시는 분들 중에는 답답함을 느끼시는 분들이 많이 계실 겁니다. 일단 어딘가에 소속이 되면 사명감과 충성심을 가지고 열심히 일했던 선배님들과는 달리 요즘 젊은이들에게는 공동체보다 개인이 우선이 되고 있습니다. 소속이 되었다고 무조건 소속감을 갖지 않는다는 것이죠.

조직 중에서도 급여를 받는 회사의 경우 이 문제가 심각하게 나타나곤 합니다. 여기서 다람쥐들의 논리는 단순합니다. "내가 주인이 아닌데, 주인의식을 어떻게 갖죠?"라고 말합니다. 따라서 회사로 예를 들면 그저 급여를 받고 일하는 샐러리맨입니다. 그럼 받은 만큼 일하는 것, 혹은 일한 만큼 받으면 충분합니다. 성과를 내고 승진이나 성과금 등으로 인정받는 것으로 충분한 보상이 됩니다. 그러나 보상이 없으면 움직이지 않습니다. 요즘 젊은 세대에겐 당연한 논리입니다. 철저하게 주인이 아니라, 노동자의 관점에서 움직이는 것입니다. 주인의식을 갖는 방법이 있긴 있습니다. 자신들이 진짜 주인이 되는 것입니다. 스타트업 기업을 만든다거나, 청년 창업을 하는 방식으로 시도를 하는 다람쥐들이 있습니다. 이외에는 대부분 주인이 아닌데, 주인이 될 수는 없다는 마음가짐으로 살아갑니다.

단순하게 생각해 보면 인풋에 맞는 아웃풋이 있는 것은 당연한 일입니다(인풋input과 아웃풋output은 입력과 출력을 뜻하는 기계 혹은 컴퓨터 용어로서, 요즘은 일반적으로 사용되고 있습니다. 입력값과 결과값이 정확한 컴퓨터처럼 투자한 만큼 결실이 있어야 한다는 실용적 의미가 내포되어 있습니다). 그런데 다람쥐가 느끼기에 조직은 입력값(급여)보다 더 큰 출력값(노동력)을 요구합니다. 사람을 기계처럼 단순화해서 볼 수는 없으니 노동 그 이상의 것을 요구하는 것도, 어느 정도 타당해 보입니다. 모든 일의 양과 질을 체중계에 달아서 잴 수도 없습니다. 같은 일을 하더라도 열심히 하는 사람이 더 멋집니다. 그런데 이것을 강요하는 문화에 피로감을 느낀다는 것입니다.

이 문제에 있어서 기성세대와 MZ, 곧 다람쥐들이 크게 부딪히는 영역이 하나 있습니다. 바로 회식 문화입니다. 업무 시간 이후의 직장 동료들과 함께하는 회식 자리. 회사 법인카드로 지출하는 자리이니 공식적인 자리입니다. "남자가 말이야. 사회생활 하다 보면 늦을 수도 있지!" 어릴적 많이 듣던 드라마의 대사입니다. 지금은 절대 쓰면 안 될 말이 되었네요. 당연한 것으로 생각해 왔던 회식도 요즘 친구들에게는 물음표가 붙습니다. 회식은 일의 연장선일까요? 필라테스도 가야 하고, 친구도 만나야 하고 저녁에 할 일이 많은데 회식이라니요. 요즘에는 엔데믹 블루라는 말이 있습니다. 코로나로 인해 멈추었던 것이 재개되는 것에 대한 불안감과 우울감, 어려움을 통칭하는 말입니다. 특히 혼자 하는 것에 익숙한 젊은 세대일수록 다시 사람을 만나는 것에 대한 두려움이 있을 수 있습니다. 특히 코로나19가 유행하던 시절의 재택근무가 끝나고 대면 업무가 재개되며 늘어나는 회식에 대한 두려움이 크다고 합니다.

어르신 중에는 "회사에서 맛있는 것 사 주면 감사하게 먹어야지"라고 생각하는 분들도 많이 있습니다. 심지어는 이렇게도 말씀하신답니다. "우리 00 사원 힘내라고 맛있는 것 먹으러 가자!" 집에 빨리 보내주는 것이 다람쥐 사원을 위한 것입니다. 같이 식사를 하고 싶으면 점심에 하셔도 됩니다. 이 글을 읽는 청년부나 교육부서 목회자분들이 있다면, 청년 혹은 교사들과 식사를 하러 갈 때, 불편한데 억지로 따라가는 사람이 있을 수 있다고 생각해 주세요. 모든 음식을 감사히 먹어야 하지만 각자의 피치 못할 사정들도 헤아려 주면 어떨까요?

한 가지 짚고 넘어가 봅시다. 이것이 주인의식이 없어서일까요? 혼자가 편해서일까요? 혼자라는 키워드로 읽을 수도 있겠지만, 사람 자체가 싫은 게 아니라 굳이 저녁까지 회사 사람들과 시간을 보내는 게 싫은 경우도 있습니다. 주어진 업무 시간 외의 시간을 뺏기고 싶지 않은 것이죠. 약속된 업무 시간은 회사가 주인이지만, 업무 외 시간만큼은 자기 자신이 주인이어야 하는 것이죠. 이것을 주인의식이 없는 것으로 볼 수 있을까요? 설사 주인의식이 부족하다고 한들 그것이 잘못되었다고 생각하지 않습니다. 주인이 아닌데 주인의식을 가질 필요는 없으니까요. 따라서 교회 청년 모임이나 교사 회식 같은 경우는 분명히 대부분 기쁜 마음으로 함께하고 있을 것입니다. 교회 안에서는 소속감이 있고 주인의식이 있으니까요.

요즘 다람쥐들의 주인의식은 그냥 만들어지지 않습니다. 움직여야 할 분명한 이유, 그에 합당한 동력을 가지고 움직입니다. 초과근무수당이 있어야 추가 근로를 하는 것이고, 즐거움이 있어야 (맛있는 음식으로는 부족합니다) 저녁에 기쁜 마음으로 회식에 참여합니다. 오죽하면 회식 갈 테니 수당을 달라는 말이 나올까요? 아쉽게도 고용노동부의 설명에 따르면 회식을 노동 시간으로 보기 어렵다고 합니다. 강제로 회식에 참여하더라도 노동은 아니라고 하네요. 신빙성을 높이기 위해 해당 부분을 보여 드리겠습니다.

- 회식은 노동자의 기본적인 노무제공과는 관련 없이 사업장 내 구성원의 사기 진작, 조직의 결속 및 친목 등을 강화하기 위한 차원임을 고려할 때, 근로시간으로 인정하기는 어려움
- 사용자가 참석을 강제하는 언행을 하였다고 하더라도 그러한 요소만으로는 회식을 근로계약 상의 노무제공의 일환으로 보기 어려울 것임[5]

또한 직원 간 단합 차원에서 이루어지는 워크숍도 근로 시간으로 보기 어렵다고 합니다. 아무래도 어른들이 만든 기준 같습니다. 친목 도모가 일이냐 아니냐가 이 문제의 핵심입니다. 그리고 요즘 애들은 타인과 억지로 친목 도모를 하고 싶어 하지 않는다는 점도 중요합니다.

다시 본론으로 돌아와 이야기하자면, 요즘 친구들은 억지로 움직이지 않습니다. 안 갈 수만 있다면 군입대는 피할 것입니다. 군대 문화도 많이 변하고 있습니다. 결혼과 출산도 마찬가지입니다. 절대 억지로 하지는 않습니다. 이런 것들은 어쩌면 그동안 당연한 것이었을지도 모릅니다. 당연하다고 생각했던 것들을 이들의 입장에서 진짜 당연한 것인지 한 번 더 질문을 던져 주시기를 권장합니다. "결혼 안

하니?"라는 질문도 변해야 합니다. 어른들이 결혼해야 하는 이유와 행복한 결혼 생활을 먼저 보여 주시면 좋겠습니다. 적어도 청년 다람쥐들에겐 결혼이 당연한 것이 아니니까요. 학생들의 경우도 마찬가지입니다. "공부해라!"가 아니라 왜 공부를 해야 하는지를 알게 하고, 동기부여를 해 주는 것이 요즘 애들에게 더 중요합니다. 물론 굉장히 어렵지만요.

다람쥐들이 움직이고 무엇인가 행동을 한다면, 그 내면에는 타이틀, 명함보다 내가 열심히 해야 할 이유, 마음의 동기가 더 중요하게 작용하는 것입니다. 마음이 정해지면 조직에 있어서는 소속감도 생기고, 주인의식을 갖게 될 것입니다. 마음이 정해지면 어떤 일도 열정적으로 해낼 수 있습니다. 그러나 무엇보다도 확실한 동기부여는 진짜 주인이 되어 주인의식을 갖도록 하는 것이 아닐까요? 교회 안에서도 마찬가지입니다. 요즘 젊은 친구들은 교회를 다니는 분명한 이유가 있습니다. 순수한 신앙이 당연히 우선이겠지만, 인간적인 동기들이 분명 존재합니다. 사랑하는 공동체, 부모님의 성화, 외로움과 결핍을 이겨 내기 위함 등 여러 동기가 있을 것입니다. 심지어 자신이 그것을 아직 모를 수도 있습니다. 그러나 이것을 건강하게 발견할 수 있게 돕는 것이 교회의 역할이 아닌가 생각합니다. 교회 안에서 청년들의 일손이 필요할 때 그들을 단순히 열심히 할 수 있도록 '달래는 것'이 아니라, 그들이 진정 즐거움을 느끼고 주인의식을 가지며 교회 일, 곧 주의 사역을 감당할 수 있도록 해야 합니다. 그리고 젊은이들을 주인공으로 세운다면 열심히 하지 않을 수가 없을 것입니다.

주인의식을 이야기할 때 '주인도덕'을 이야기한 니체의 철학이 많이 언급됩니다(니체는 오늘날 시대정신을 이야기할 때 빠질 수 없는 중요한 인물이죠). 프리드리히 니체는 『도덕의 계보』에서 노예의 도덕을 비판하며, 주인의 도덕을 추구해야 한다고 주장했습니다. 그리고 그 원인을 소크라테스의 합리주의와 더불어 그리스도교의 윤리관에 있다고 말합니다. 기독교의 윤리관은 청빈, 겸손, 순결 등 금욕적인 이상만을 내세우다 보니 결국엔 '자기 자신'에 대한 긍정이 없는 허무주의라는 결과에 빠지게 된다는 것이죠. 대신 니체는 주인의 도덕을 가지고, 인간을 건강한 본능과 역동적인 힘을 지닌 강력한 동물로 회복할 것을 이야기합니다.[6] 이것이 초월적 자기 극복을 하는 초인, 곧 위버멘쉬와 연결이 됩니다. 또한 니체는 신의 죽음을 선포했고 이러한 니체의 생각은 시대의 정신이 되었습니다. 그러나 오늘 우리는 신께서 우리 각 사람에게 자유를 선물로 주심을 받아들이고, 위버멘쉬가 아닌 "오직 마음을 새롭게 함으로 변화"(롬12:2)를 받은 그리스도인으로 살아갑니다.

하나님을 주인으로 섬기는 그리스도인들은 노예가 아닙니다. 모든 속박에서 벗어나 자유를 선물로 얻은 이들입니다. "그러므로 이제 그리스도 예수 안에 있는 자에게는 결코 정죄함이 없나니"(롬 8:1). 더 이상 정죄함이 없고, 더 이상 사람들의 종이 되어서도 안 됩니다. "너희는 값으로 사신 것이니 사람들의 종이 되지 말라"(고전 7:23). 심지어 죽음이라는 유한한 인간의 벽마저 허물어 주셨습니다. "그는 허물과 죄로 죽었던 너희를 살리셨도다"(엡 2:1). 우리는 예수 그리스도로 말미암아 그리스도와 함께 '초인'이 될 것입니다.

다른 사람 혹은 무언가의 노예를 데려와 자신의 노예로 만드는 것은 가스라이팅입니다. 마르틴 루터Martin Luther가 당시 로마 가톨릭교회를 비판하고, 그리스도인의 자유를 주장한 것을 기억해야 합니다. 우리가 만일 '교회의 사람'을 만들고 있다면 니체 철학의 비판에서 자유로울 수 없을 것입니다. 다시 종교개혁을 외치는 목소리에 집중해야 합니다. 교회는 예수 그리스도를 머리로 둔, 하나님이 주인인 공동체입니다. 우리가 사랑하는 교회의 주인이 온전히 하나님이 되시기를 간절히 기도합니다. 동시에 교회는 사람이나 법인이 주인이 아닙니다. 주인이 없기에 누구도 남에게 함부로 할 수가 없습니다. 또한 교회의 주인은 모두입니다. 누구도 누구의 종이 아니라 교회 안에선 모두가 주인이 되어야 합니다. 하나님이 계시기에 자유 할 수 있습니다. 이 점이 니체의 철학과 다른 지점입니다.

주인의식 없는 다람쥐들에게 억지로 주인의식을 주입하려고 애쓰지 말고, 진정한 주인이 될 수 있도록 세워 주면 어떨까요? 중심을 잃고 의미를 찾지 못하는 이들에게 알맹이 없는 시대정신이 아닌, 개인을 향한 하나님의 뜻과 계획이 있음을 소개합시다. 이렇게 그들을 움직이게 만드는 동기를 찾을 수 있도록 도와주면 어떨까요?

안녕히 계세요, 여러분!

누가 우리나라를 '공무원 공화국'이라고 했나요? 최근 9급 공무원 시험의 경쟁률이 낮아지고 있다고 합니다. 2018년에 '41.1:1'이었던 9급 공무원 시험 경쟁률이 2024년에는 '21.8:1'로 여전히 높은 수준이지만, 코로나19 팬데믹을 겪으면서 확실히 줄어든 것이 눈에 띕니다. [7] 여전히 공무원을 꿈꾸는 청년들이 많이 있다고는 하지만, 가장 많은 수를 뽑는 국가직 9급 공무원의 경쟁률이 떨어진다는 것, 자체에도 큰 의미가 있습니다. 안정적인 직장보다 더 큰 가치는 무엇일까요?

미국에서 자발적으로 퇴사를 선택하는 사람이 크게 늘고 있다고 합니다. 2021년 9월 자발적 퇴사자가 443만 명에 이를 정도로, 2000년 이후 최대의 숫자가 자기 발로 회사를 나갔다고 합니다. 팬데믹으로 인해 재택근무가 많아지며 이직을 준비하기 쉬워졌다는 환경적 요인이 있습니다만, 국내 한 언론사는 노동 의욕 자체가 떨어진 것을 첫 손에 꼽히는 퇴사 행렬로 분석했습니다.[8] 주식, 부동산 등 자산 가격이 폭등하며 노동 수익에 의문을 갖기 시작한 것입니다. 2022년 엔데믹 상황으로 변하면서 경기 침체, 물가 폭등 등 경제 대공황의 시대를 맞이하게 되면서 자진 퇴사 풍속은 변할 수 있겠지만, 팬데믹 시대에 해고가 아닌 자발적 퇴사가 늘어났다는 점은 주목할 필요가 있습니다. 평생 직장이 사라지고 있습니다.

최근 '90년대 장마철 출근길 모습'이라는 동영상이 유행했습니다. 빗물이 가슴 높이까지 올라온 날, 출근 행렬을 보여 주는 영상입니다. 심지어 어떤 분들은 보트를 타고 출근하기도 합니다. 예전에는 홍수가 나면 물살을 가르며 열심히 일을 했습니다. "라떼는 말이야 장마철에 헤엄을 쳐서 출근했다!" 나라의 경제를 살린 정말 위대한 세대들을 존중하고 존경합니다. 이때는 충성이 당연한 것이었을까요? 그런데 요즘 청년 다람쥐들은 더 좋은 조건의 새 직장이 있다면 언제든 떠날 의향을 가지고 있습니다. 회사 안에서 청년들의 '충성심'을 그만 찾아 주세요.

퇴사할 때 단톡방에 올라오는 영상, 일명 '퇴사짤'이라고 불리는 유명한 대사가 있습니다. 한 만화의 캐릭터가 하늘로 날아가면서 사람들에게 한 말이 퇴사하고 싶은 직장인들의 마음을 대변해 주어 하나의 밈이 되었습니다. 그녀는 이렇게 외칩니다.

"안녕히 계세요 여러분! 전 이 세상의 모든 굴레와 속박을 벗어 던지고 제 행복을 찾아 떠납니다! 여러분도 행복하세요!"

요즘 다람쥐들은 일하기 싫어합니다. 이건 모든 세대가 그렇겠지만, 특히 다람쥐 세대 안에서 심화되고 있습니다. 코인 가상화폐, 주식, 부동산 등 젊은이들이 투자에 집중하는 것도 이러한 현상 가운데 하나입니다. 가상화폐에 투자했다가 100% 이상 높은 수익을 본 사람이 있다고 하는데, 일할 맛이 날까요? 저금리 시대이니 이자는 빼고 간단하게 생각해 봅시다. 매달 208만 원씩 4년 동안 모으면 1억 원이 됩니다. 그런데 서울 아파트 평균 가격은 2023년 7월 기준,

12억 9,490만 원입니다. 이마저도 2017년 5월엔 6억 708만 원이었으니, 6년 사이에 무려 6억 원, 두 배로 올랐습니다. 밥 한 끼, 커피 한 잔 아낄 마음이 사라지고, 땀 흘려 가면서 돈 벌 마음이 사라지는 것은 당연한 일이겠지요. 이전에는 직장에서 인정받고 승진하고, 위로 올라가는 것이 중요했다면 이제는 그 의미가 약해졌습니다. "여기에는 희망이 없다. 떠나자" 하고 떠나게 되는 것이지요. 대신 돈으로 돈을 버는 '투자'에 관심을 가지게 되었습니다.

게다가 시장 경제가 불안해지면서 더 큰 혼돈이 찾아와 버렸으니, 마음을 지키고 갈피를 잡기란 참 쉬운 일이 아닌 것 같습니다. 결국 마음은 돈 자체에 있습니다. 2024년 현재, 그래도 노동의 가치보다 중요한 것은 화폐의 가치가 되었습니다. 이럴 땐 열심히 돈을 벌어 모으는 것이 승리자가 아니라 돈, 특히 현금을 많이 가진 사람이 승리자라며 그들을 부러워합니다. 그러다 보니 더 수익성이 큰 (그만큼 위험 부담도 큰) 가상화폐에 눈을 돌리게 되는 것입니다.

이제는 돈을 많이 버는 사람이 부러운 것이 아니라 돈이 많은 사람을 부러워합니다. 요즘 전문직 고연봉자보다 더 선호되는 직업(?)은 바로 건물주입니다. 가만히 앉아 있어도 임대료 수입이 있다는 것이 참 매력적으로 다가옵니다. 오죽하면 "조물주 위에 건물주 있다!"는 말이 유행할까요? 돈이 돈을 버는 것을 알아 버린 요즘, 땀 흘려 일하는 것은 고통일지도 모르겠습니다. '갑통알'이라는 말도 있습니다. 무엇인지 감이 오십니까? "갑자기 통장을 보니 알바를 해야겠다"는 말입니다. 직장 생활에 얽매이지 않고, 통장 사정을 보고 아르바이트면 충분하다는 다람쥐들의 생활 양식이 보이시나요?

이 세상에 노동은 저주이자, 죗값을 치르기 위한 것으로 시작되었습니다. 첫 번째 사람 아담은 하나님이 먹지 말라 명한 그 나무 열매를 먹는 죄를 지어 벌을 받게 되었습니다. "땅은 너로 말미암아 저주를 받고 너는 네 평생에 수고하여야 그 소산을 먹으리라"(창 3:17). 그리고 "흙으로 돌아갈 때까지 얼굴에 땀을 흘려야 먹을 것을"(창 3:19) 먹을 수 있게 되었습니다. 어쩌면 인간이 일을 하기 싫어하는 것은 당연한 것이 아닐까요? 일을 하지 않아도 굶지 않는 세상, (모두가 그렇지는 않지만) 일 안하고 잘 먹고 잘사는 세상이 되었으니, 일을 안 할 수 있으면 안 해야 될까요? 그래도 돈이 돈을 버는 것을 보고 낙심한 것과 같다고 할 수는 없겠습니다.

성경은 노동을 죗값으로 여기지만은 않습니다. 성경은 게으름에 대해 경계하며, 노동의 중요성을 강조합니다. 그 중 유명한 말씀은 "일하지 않은 자 먹지도 말라!"는 것이겠지요. "우리가 너희와 함께 있을 때에도 너희에게 명하기를 누구든지 일하기 싫어하거든 먹지도 말게 하라 하였더니"(살후 3:10). 성경은 이처럼 노동의 중요성을 강조합니다.

또한 성경은 돈을 가진 부자를 대부분 정죄의 대상으로 삼아 재물이 주는 위험성을 설명합니다. 예수님도 "내일 일을 위하여 염려하지 말라"(마 6:34)고 말씀하셨습니다. 심지어 "네게 있는 것을 다 팔아 가난한 자들에게 나눠 주라"(눅 18:22)고 말씀하셨습니다. 종교개혁가 마르틴 루터는 종교 개혁뿐 아니라, 경제 개혁에도 관심이 있었습니다. 그는 중세 시대 당시 교회가 고리대금을 하고 경제적 부패에 앞장선 것에 대해 분노했습니다. 교회의 부조리와 토지를 통한 고리대금업에 강력하게 반대했습니다. 그리고 자연적으로 발생한 사유 재산을 인정했지만, 그보다 가난한 자를 돕고 부의 재분배를 중요하게 여겼습니다.[9] 이처럼 교회는 가난한 자를 돌보며 부의 재분배에 앞장서야 할 의무가 있습니다. 부의 축적을 경계해야 합니다. 이를 위해서 성실히 일하는 사회가 건강한 사회겠지요.

하지만 그동안 세상에서는 부를 축적한 사람들의 모범적인 재분배가 이루어지지 않았습니다. 돈을 버는 일에서 그치지 않고, 돈을 어떻게 잘 써야 하는지에 대한 충분한 이해가 없는 현실입니다. 젊은이들은 젊을 때 충성을 바친 결과인 선배님들의 삶을 봅니다. 젊음을 바친 부장님이 행복해 보이지 않기에 당장 오늘의 행복을 택하게 되는 것입니다. 그리고 자기 자신만을 위해 사용하겠지요. 가치 있게 가진 것을 나누는 삶을 보여 준다면 달라지지 않을까요? 이렇게 청년들에게 "돈이 돈을 버는 것은 나쁜 거야", "열심히 땀 흘려 일해야 해"라고 가르치기 어려운 세상이 되었습니다.

세상과 거룩한 담을 쌓은 교회도 마찬가지입니다. 돈을 벌고 쓰고 살면서 부의 문제는 단순히 세속의 영역으로 치부해 버리지는 않았나요. 성경 시대 이후 2000년, 루터의 종교개혁 이후 500년이란 오랜 시간이 흘렀습니다. 맘몬의 권세가 더욱 강해지고 있습니다. 예수님의 가르침을 따르고 종교개혁의 정신을 가지고 살아가는 개신교는 오늘의 시대에 맞는 재물 사용법을 제시해야 합니다. 500년의 역사를 되돌아보고 배울 것은 배우고, 반성하며 새로운 길을 찾아야 합니다. 한국 개신교 150년의 역사를 보더라도 안타까움이 있습니다. 억압받던 시대 속에서는 약자의 친구였지만, 사회가 부를 축적하자 교회도 사회를 닮아 갔습니다. 해방과 굶주림의 시대 이후 이어진 경제 성장과 함께 교인 수는 많아졌고, 교회도 땅을 사고 건물을 지으며 부를 쌓았습니다. 이 과정에서 번영의 복음이 한몫했으나 비움과 나눔의 복음은 제 역할을 감당하지 못했습니다. 물론 모범이 되는 많은 교회와 목회자, 기독교인들이 오늘도 열심히 살아가고 있습니다. 그러나 아직도 눈살을 찌푸리게 만드는 일들이 있습니다. 교회 안에 재물로 인한 비리와 다툼을 감출 수 없는 현실입니다. 교회가 빛과 소금의 역할을 감당하지 못하고 역사 속에서 세상의 문화에 끌려다니지는 않았는지 반성해 봅니다.

오늘날 세상의 기업들이 ESG(환경environment, 사회social, 지배구조governance) 곧, 돈이 아닌 가치에 관심을 가지기 시작했습니다. '지속 가능'에는 돈이 전부가 아니라는 것을 기업 스스로 깨닫기 시작했습니다. 노동으로 인한 재화를 어떻게 경영해야 할지 고민하고 있습니다. 단순히 돈을 벌기 위한 일이 아니라, 우리의 땀 흘림이 가치 있게 사용되면 좋겠습니다. 녹색 성장, 지속가능 개발목표Sustainable Development Goals의 개념이 30년이 넘은 오래된 테제임을 알고 계시나요? 이제는 교회가 세상을 선도하는 것을 꿈꾸기보다 서둘러 따라가기라도 해야 할 현실입니다.

기업이 사회적 책임CSR, Corporate Social Responsibility을 이야기하고, 전력을 100% 재생에너지로 충당하겠다는 이른바, RE100을 약속합니다. 개인 차원에서도 친환경 소비 운동이 진행되고 있습니다. 이러한 단어들이 익숙하지 않나요? 그러나 아직 늦지 않았습니다. 돈의 가치로는 이 모든 것이 어려운 일입니다. 참된 가치를 아는 그리스도인들이 해야 할 일이 많습니다.

노동의 가치나 필요를 어떻게 생각하시나요? "일하기 좋아하는 사람이 어딨어?"라고 물으시겠지만, 요즘 세상은 더 혼란스러워졌습니다. 다람쥐들이 기성세대가 되면 더욱 심해질 것입니다. 마르틴 루터가 지적한 것처럼 500년 전에도 고리대금이 있었고, 놀고먹으며 사는 사람이 있었습니다. 그러나 처음에 이야기한 것처럼 500년 동안의 변화보다 지난 2-3년의 변화가 청년 세대들의 불안을 더 크게 야기했음을 알아주셨으면 좋겠습니다. 이는 점점 가속화될 것입니다. ESG, CSR, SDGs, RE100 같은 멋진 말들은 사실 청년들의 피부에 와닿는 현실적인 이야기가 아닙니다. 아직 너무 먼 나라의 이야기입니다. 정말 외국어일 뿐이지요. 거시적인 운동은 의미 있으나, 미시적인 현실은 또 다릅니다. 나 하나 먹고살기도 어려운데, 환경까지 생각하라는 말에 지치기도 합니다. "요즘 애들은 일을 안 하려고 해!" 내지는 "너무 편한 것만 찾는 것 아니야?"라고 생각하시나요? 더욱더 아픈 세상이 되고 있음을 기억해 주세요.

요즘 청년 세대는 단군 이래 첫 번째로 부모보다 잘살기 힘든 가장 불행한 세대랍니다. 돈이 있어야 돈을 버는 세상이 되었으니, 계층 이동의 사다리가 사라졌습니다.[10] 일을 하기 싫은 것이 아니라, 일할 맛이 안 나는 것입니다. '부모보다 가난한 세대'를 어떻게 위로하고 격려할 수 있을까요?

등짝 스매싱

사람인 이상 일하기 싫은 거야 당연한 일입니다. 그런데 다람쥐들 가운데는 진짜 일을 포기해 버리는 경우가 많습니다. 그러면 도대체 일을 안 하면 어떻게 살까요? 혹시 답답한 자녀들을 보며 '등짝 스매싱'을 날리시지는 않으셨나요? 참고로 등짝 스매싱은 잔소리의 하나 위 단계로 혼나는 모습을 뜻합니다. 보통 어머니들이 훈육할 때 손바닥을 펴서 자녀의 등을 친다고 해서 쓰이는 말입니다.

　부모님의 등짝 스매싱을 부를 정도로 다람쥐들은 현실과는 동떨어져 보이는 일들에 시간을 많이 쓰고는 합니다. 눈앞에 현실을 외면하고, 온라인 게임과 같은 가상 세상에 시간과 마음을 많이 쏟아붓고는 합니다. 게임뿐만 아니라 소셜플랫폼에서 '메타버스'를 활용하고 있습니다. 증강현실^AR:

Augmented Reality은 소프트웨어 측면에서 여러 단계로 실용화 되었습니다. 4차 산업혁명으로 발생하고 있는 이러한 기술들(가상현실VR, 증강현실AR, 메타버스)은 아직 모두가 공감할 만큼 현실화 혹은 상용화되지 않았고, 밀레니얼 세대에게도 어려운 영역입니다. 가상 세계에만 머물러 있는 것은 위험할 수 있겠습니다만, 이러한 기술들은 디지털 네이티브인 Z 세대 다람쥐들이 세워 갈 세상이라고 생각합니다. 따라서 어른들의 통제가 아니라 가이드를 제공하여 다람쥐들이 가상 세계를 잘 세워 갈 수 있도록 도와야 합니다.

저는 이것을 현실의 부정이라는 측면에서 이해하고 싶지는 않습니다. 가장 보편화된 가상 세계인 온라인 게임도 중독 위험성이야 있지만, 젊은이들의 건전한 문화로 자리매김하고 있기 때문입니다. 온라인 세상에서도 사람과 사람 사이의 연결이 있고, 소통과 교제가 있습니다. 가상현실 Virtual Reality은 또 하나의 '실재Reality'입니다. 컴퓨터, 스마트폰 앞에서 몰두해 있는 모습이 부모님들의 눈에는 답답해 보이겠지만, 그 세계는 결코 극단적인 현실의 외면이 아닙니다. 그 안에 새로운 세계가 있는 것이지만, 결코 그 세계는 현실의 세계와 단절되지만은 않습니다. 그러니 등짝 스매싱의 유혹은 잠시 멈춰 주시고 그 문화를 이해하려고 애써 주십시오. 어른들이 모르는 애들의 문화라서 두려움이 클 수밖에 없습니다. "무조건 안돼!"가 아니라 어떻게 선용할 수 있을지 관심이 필요한 때입니다.

이러한 가상 세계의 문화도 경험을 중시하는 다람쥐들의 특징으로 볼 수 있습니다. 경험 중심의 문화적 현상으로 바라보아야 합니다. 현실 도피가 아니라, 보다 더 감각적인 것, 재미있는 것을 추구하는 다람쥐의 문화에 알맞는 것이 바로 가상 세계입니다. 가상 세계라고 하면 말 자체가 '가짜'라는 뜻을 내포하는 것 같으니, 그보다 친숙하고 익숙한 '인터넷'이라는 용어로 바꿔서 사용해 보겠습니다. 현재 시점에서는 가상 세계를 '인터넷 세상'이라고 칭해도 큰 문제가 없습니다. 인터넷 세상은 잘 아시는 것처럼 편리합니다. 이미 다람쥐들에게는 익숙하겠지만 한 번 간단하게 짚고 넘어가겠습니다. 이 세상은 정말 빠르고 직관적입니다. 어디서나 그 세계에 접속할 수 있습니다. 온라인 커뮤니티, 소셜 네트워크, 온라인 게임, 유튜브를 비롯한 인터넷 방송 등 본인이 원하는 정보를 바로 볼 수가 있습니다.

인터넷 세상은 정말 넓습니다. 직접 가지 않아도, 먼 곳의 이야기를 생동감 있게 확인할 수 있습니다. 가 본 적 없는 여행지의 정보를 유튜브를 통해 얻는 것뿐 아니라, 그것으로도 이미 충분한 만족감을 얻을 수 있습니다. 먹는 방송, '먹방'이 아직도 사랑을 받는 것은 왜일까요? 사람들은 직접 먹는 것도 아닌데, 남이 먹는 모습을 시청합니다. 이것도 단순히 다음에 저 음식을 먹어야겠다는 음식 소개의 차원을 넘어서는 것입니다. 먹방을 보면서 외롭지 않게 혼밥을 하기도 하고, 다이어트하는 사람들은 대식가들을 보며 대리 만족을 느끼기도 합니다. 실시간 방송을 통해 유튜버나 BJ^{Broadcasting Jockey}(인터넷 방송 진행자)와 소통을 하기도 합니다. 이를 통해 사회와의 단절이 아닌, 연결됨을 느끼고 소속감을 얻기도 합니다.

오늘날의 인터넷 세상은 경험을 중시하는 다람쥐들의 문화에 정말 잘 맞는 옷이 아닐 수 없습니다. 거기에 소속감과 사회와의 연결까지 이루어지고 있으니, 부모님들은 너무 답답해하지 않으셔도 됩니다. 실제 학교를 비롯한 사회에서도 서로 좋아하는 인터넷 방송이나 게임을 주제로 우정이 쌓이기도 하니, 못하게 막는 것은 오히려 현실과의 단절을 초래할 수 있음을 기억해 주세요.

더 나아가 인터넷 공간은 학습 공간이 되기도 합니다. 밀레니얼 세대인 저의 어린 시절에는 공부하기 위해 컴퓨터를 사 달라고 하려면 등짝 스매싱을 맞을 위험을 감수해야 했지만, 요즘은 학습용 태블릿PC를 자녀에게 선물하고 있습니다.

그러니 스마트폰을 들여다보는 아이에게 쓸데없는 영상을 본다고 욕할 것만은 아닙니다. 인터넷 세상에서 우정을 배우고 세상을 살아가는 방법을 배웁니다. 현실 세계와 가상 세계를 모두 포함하는 배움입니다. 철학을 배우고 도덕을 배웁니다. 그리고 어떤 것도 줄 수 없는 힐링의 시간을 갖습니다. 배움의 매체(미디어)가 변한 것입니다. 더 나아가 어쩌면 이들에게 가상 세계인 미디어 세상은 종교를 대체할 의미, 혹은 종교 이상의 의미를 가지고 있습니다. 따라서 무조건 요즘 문화를 욕할 게 아니라, 더 진지하게 그들의 대중문화, 그중에서도 특별히 중요한 인터넷 미디어에 대해 깊이 고민하고 공부해야 할 때입니다. 인터넷 세상은 장점들이 많이 존재하지만, 더불어 위험한 면도 지니고 있습니다. 무조건 수용하고 인정해 주자는 것이 아닙니다. 주의해야 할 것이 많습니다. 예를 들어 볼까요? 익명성이 주는 큰 위험이 있습니다. 사이버 폭력, 인터넷 사기, 해킹 등 사이버 범죄자들 대부분이 인터넷 밖 세상에서는 평범하게 살아가고 있습니다. 얼굴과 이름을 가린 채 활동하기 때문에 누구나 쉽게 나쁜 일을 할 수 있습니다.

특히 사회적 문제가 된 악성 댓글(악플)은 의외로 우리 주변에서 흔히 볼 수 있는 평범한 사람들이 많이 달고 있다고 합니다. 허위 사실을 유포하며 남을 비방하는 악성 댓글을 단 범죄자들은 10-20대 학생들로서 겉으로는 티가 잘 나지 않습니다. 그래서 악성 댓글을 다는 사람(악플러)을 고발하는 연예인 소속사 측에서는 '악플러 고소, 선처 없다'는 말을 꼭 하고 있습니다. 익명성이 가진 위험은 큽니다. 수많은 유명인이 누가 쓴지도 모르는 악플로 고통을 받고 있습니다. 유명 인터넷 사이트나 커뮤니티에서 댓글 창을 막아버리거나 실명 게시판을 운영하고 있습니다.

그러나 사람들은 여전히 익명이 있는 곳을 좋아합니다. 대학생들은 '에브리타임'이라는 어플리케이션를 통해 대학 생활 정보를 공유하는데, 이곳은 해당 학교 학생이라는 인증을 통해 그 학교 학생들만 모일 수 있는 장점이 있습니다. 그러나 에브리타임에서 익명으로 운영되는 게시판에는 그

학교 학생이 맞나 싶을 정도로 남에 대한 비방이나 허위 사실들이 많이 유포되고 있습니다. 이것은 Z 세대만의 문제가 아닙니다. 밀레니얼(M) 세대 직장인들에게는 '블라인드'라는 커뮤니티가 유행하고 있습니다. 이곳에서 사람들은 직장 생활의 애환을 나누고, 주식 투자, 육아 등 생활 정보를 서로 공유합니다. 자신이 다니는 직장을 인증하고 자신이 누구인지는 밝히지 않는다는 특징이 있습니다. 인터넷 몸글과 댓글에는 기업명과 본인 아이디 첫 글자만 보일 뿐입니다.

남의 눈치를 보지 않고 편하게 학교나 회사에서 힘들었던 일을 공유하며 위로와 힘을 얻을 수 있습니다. 그러나 감각적인 것, 재미있는 것들을 추구하다 보면 중요한 것을 놓치기도 합니다. 바로 진실입니다. 학생증, 사원증 인증은 말의 진실을 보증하지 않습니다. 진실은 가려진 채 재미있고, 자극적인 이야기들이 넘쳐 날 위험이 늘 도사리고 있습니다. 인터넷에서 떠도는 이야기들은 쉽게 전파되는 만큼 쉽게 일반화될 수 있습니다. 더 나아가 가상 인간, AI 사람, 딥페이크 기술로 과거나 현재의 실존 인물의 영상을 만드는 것 등 새로운 기술에 대한 윤리적 문제 발생의 위험성도 주의 깊게 살펴야 할 것입니다.

다람쥐들의 인터넷 문화에 대해 어떻게 생각하시나요? 인터넷 세상이 현실을 도피하는 것이 아니고 일반적인 문화라고 해도 이 세계가 가지고 있는 위험성은 모두가 인지하고 있어야 할 것입니다. 6살 아이가 잘 자라고 있는지 자가 체크하는 '영유아 건강검진 문진표'를 보고 깜짝 놀란 일이 있습니다. 문진표에서는 전자 매체 사용을 하는가 안 하는가를 묻지 않고, '매일 1시간 이하로 하는지'와 '아이가 정해진 규칙을 잘 지키고 있는지'를 확인합니다. 더 이상 무조건 막을 수는 없는 현실입니다.

물론 인터넷은 다람쥐만의 문화가 아닙니다. 어른들도 카카오톡을 통해 많은 정보를 공유하고 있습니다. 스마트폰으로 주고받는 정보가 모두 사실이 아닌 것을 알고 계신가요? 개신교 내 가짜뉴스가 워낙 심해 '카톡교'라는 말이 생겨난 것도 알고 계십니까? 요즘은 가상의 데이터를 만들어 자신의 주장을 진실로 입증하기도 합니다. 하도 조작된 기사나 영상이 많은 요즘에는 조작이라는 말을 살짝 바꿔 그 의미는 동일하게 '주작'이라는 말로 사용됩니다. 또한 미국 사회에서도 이러한 현상이 큰 문제가 되어 '대안적 사실 alternative fact'이라는 신조어가 생겨났습니다. 요즘 시대는 실제 일어난 사건보다도 개인의 감정(혹은 신념)이 더 중요하다고 하여 포스트 트루스post-truth, 탈진실의 시대라고 지칭하기도 합니다. 민주주의 사회에서 가장 큰 힘을 가진 '여론'이 더 이상 진실을 기반으로 하지 않고 있음을 의미합니다. 가상 세계 문제는 다람쥐만의 문제가 아닙니다. 통제와 규제를 넘어 바른 문화를 정착시키는 일에는 위아래가 없이 모두가 함께해야 합니다. 오히려 어려서부터 인터넷을 편하게 사용해 온 그들 세대로부터 배워야 할 것도 많습니다.

여기서 언급한 메타버스, 증강현실, 가상현실, 대안적 사실, 포스트 트루스 등의 용어는 젊은이들을 이해하기 위해서뿐만 아니라, 이 시대를 이해하기 위해서 따로 공부하고 알아 두어야 할 것들입니다. 이 시대에 교회가 해야 할 일은 무엇일까요? '메타버스를 활용한 교회 학교'와 같이 요즘 기술을 소프트웨어 혹은 도구로 활용할 수 있을 것입니다. 그러나 더 중요한 것은 교회의 하드웨어, 곧 몸 자체를 흔들리지 않는 진리 위에 세우는 것이라고 생각합니다. 그리스도의 몸 된 교회가 거짓 속에서 선동되지 않도록 말입니다.

교회에 대한 세상의 쓴소리도 익명이라는 가면 속에 숨어 있는 자들의 목소리라고 애써 무시할 것이 아니라, 그 가면을 쓴 사람들이 진정 무엇을 원하고 있는지 그들의 목소리를 헤아려야 합니다. 어쩌면 이 일은 다람쥐들이 더 잘할지도 모릅니다. 요즘 한국 교회에서는 "코로나19 이후 한국 교회 어디로 갈 것인가?"에 대한 논의가 활발하게 이루어지고 있습니다. 그런데 이 주제를 심도 깊게 토론한 한 방송의 패널들이 중년 남성 목사님들로만 이루어져 있어서 아쉬웠습니다. 심지어 "4차 산업혁명과 기독교"라는 주제에도 청년 다람쥐에게 발언권이 주어지고 있지 않은 현실입니다. 디지털 네이티브인 다람쥐들의 목소리에 귀를 기울여 주시면 어떨까요? 방 안에서 컴퓨터 게임을 하고 있는 다람쥐를 보며 등짝 스매싱의 유혹을 어렵게 참아 내고 계십니까? 그런데 다람쥐는 이렇게 답할지도 모릅니다.

"인터넷은 엄마도 하자나요. 엄마도 핸드폰 좀 그만 보시죠?"

새로운 미디어 세계, 인터넷 세상은 강압적으로 통제할 것이 아니라 그것이 익숙한 젊은 세대와 함께 만들어 가야 할 세계입니다.

디코 ㄱ?

앞서 다람쥐들은 현실을 외면하기도 하며 온라인 세상에서 살아간다는 이야기를 했습니다. 그런데 이 인터넷 세상은 모두의 것이며 요즘 애들에게 더 익숙한 것뿐입니다. 그렇다면 어른들의 온라인 세상과 다람쥐들의 온라인 세상은 어떻게 다를까요?

온라인에 익숙하기 때문일까요? 이전 세대보다 다람쥐들은 인터넷, 온라인을 더 많이 활용하기도 합니다. 온라인 게임, 커뮤니티 등에서 새로운 친구를 사귀고 많은 시간을 함께 보내는 경우가 많습니다. 실제 만남을 갖기도 하지만, 보통은 각자의 집 등 자신이 있는 자리에서 대면하지 않고 우정을 쌓게 되지요. 다람쥐들은 멀리 떨어져 있어도 친구가 될 수 있습니다. 어른들의 카카오톡 대화방, 페이스북 등이 현실 기반의 온라인 모임이라면 다람쥐들은 몸을 마주하지 않은 이들과도 친구가 될 수 있다는 것입니다.

예를 들어, 다람쥐들이 많이 사용하는 디스코드Discord라는 인스턴트 메신저 프로그램을 소개해 드리겠습니다. 디스코드는 채팅, 음성통화, 화상통화 등을 제공하는 온라인 메신저입니다. 흔히 사용하는 카카오톡과 크게 다르지 않습니다. 다만, 게임을 하는 데 특화되어 만들어졌습니다. 게임을 할 때 같은 편 친구들끼리 음성통화로 대화를 나누며 플레이를 할 때 사용합니다. 자녀들이 큰 헤드셋을 끼고 대화를 하며 게임을 하는 모습을 보신 적이 있습니까? 이 디스코드를 사용해 실시간으로 대화하며 게임을 즐기고 있는 모습입니다. 참고로 특정한 게임들은 '사플'(사운드 플레이의 줄임말)이라 하여, 게임 소리가 게임에 중요한 역할을 하는 것들도 있으니, 자녀가 헤드셋을 끼고 있다면 등짝 스매싱이나 소리 치기를 삼가 주시고, 쪽지로 하실 말씀을 전해 주신다면 여러분의 자녀가 정말 감동을 받을 것입니다.

그러나 디스코드는 단순히 게임을 하는 데만 사용되지 않습니다. 고성능 음성통화로 게임을 더 재밌게 하기 위해 만들어졌지만, 디스코드 안에서 그룹 채팅 등을 통해 게임을 하지 않고 대화를 나눌 때도 쓰입니다. 더 나아가 스터디 그룹 등 취미와 관심사를 공유하는 채널들이 생겨나며 거대한 소셜 네트워크가 형성되었습니다.[11] 카카오톡 같은 메신저와 디스코드의 다른 점은 익명성에 있습니다. 온라인 세계를 기반으로 관계가 형성되기 때문에 굳이 실명을 사용하지 않아도 되며, 자신의 별명(닉네임)으로 활동합니다. 게임을 같이 하던 친구가 자신의 다른 친구를 데려오기도 하고 공개 모집을 하기도 합니다. 여기에는 그가 어디에 사는지, 몇 살인지는 중요하지 않습니다. 그저 나와 함께할 정도의 게임 실력이 있는지, 게임 시간대가 맞는지 등이 친구가 되는 조건입니다. "디코 ㄱ?"(디스코드 음성채팅 키고 할까?) 이 한마디에 친구가 "ㅇㅋ"(오케이)라고 답하면 서로 연결이 됩니다.

"디코 ㄱ?"
"ㅇㅋ"

심지어 Z 세대 다람쥐의 경우 랜선 연애도 가능해졌습니다. 게임에서 친구를 만나고, 연애까지 하는 것은 밀레니얼 세대 때 시작된 일이기는 하지만, 우정을 쌓고 연애를 하는 플랫폼이 더욱 편리해졌습니다. 확인하기는 어렵지만 체감상 그만큼 빈도수도 늘어난 듯합니다. 사실 M 세대 다람쥐의 온라인 연결이라고 하면, Zoom을 통한 화상회의가 더 익숙합니다. 대학교 온라인 강의, 회사의 온라인 업무, 각종 온라인 세미나 등을 떠올리시면 됩니다. 이것은 현실을 기반으로 하고 있습니다. 반면 랜선 연애는 가상 세계에 기반을 두고 있습니다. 게임 속 캐릭터(아바타)가 만나 사랑을 시작하여, 그 설레는 풋풋한 감정을 느끼는 것은 플레이하는 실제 사람일 것입니다.

어른들의 눈으로는 말도 안 되는 문화 충격이며 그게 진짜 우정이고 사랑으로 보이지 않을 수 있습니다. 서로 별명만 가지고 우정을 쌓고 연애를 한다는 것이 안전할까, 하는 염려도 되기는 합니다. 실제로 위험한 일들이 발생하기도 하지요. 올바른 안전 대책을 위해서는 "무조건 안 된다"가 아니라 그들의 문화를 이해하는 일이 우선되어야 한다는 점을 기억해 주시기 바랍니다. 여기서는 어떤 위험을 진단하고 대책을 강구하는 것이 아니라 다람쥐의 문화를 소개하는 데 목적이 있습니다.

마인크래프트Mine Craft, 로블록스Roblox 등 게임 안에 새로운 세상을 만들 수 있는 메타버스 게임 플랫폼들이 유행하고 있으며, 이러한 새로운 세계를 만들고 플레이하는 사람들(스트리머)의 영상을 실시간으로 시청하기도 합니다. 심지어 인터넷 방송을 사람이 진행하는 것이 아니라 2D 혹은 3D 캐릭터가 진행하기도 하는데, 이를 '버츄얼 유튜버virtual Youtuber' 혹은 '버츄얼 스트리머virtual streamer'라고 부릅니다. 1998년 사이버 가수 '아담'을 기억하십니까? 3D 캐릭터가 TV에 나와 노래를 부르던 것이 당시에 충격적으로 다가왔었는데, 지금은 이 아담이 큰 민족을 이루고 그의 후손들이 창대하게 된 것입니다. 게임 세상 안에서 플레이어가 직접 새로운 세상을 만들어 내고, 그 안에서 친구를 사귀기도 하며 가상 인간의 활동을 보며 열광하기도 합니다. 이 모든 것이 인터넷만 연결되어 있으면 컴퓨터, 스마트폰으로 가능합니다. 정말 대단한 세상입니다.

이들의 문화를 이해하기 위해서 알아야 할 것들이 정말 많지요? 제가 진행하는 멘토링 프로그램에서 한 대학생 멘토가 자신의 청소년 멘티가 버츄얼 유튜버 영상을 보는 것을 보고 '아 요즘 애들은 이걸 진짜 보는구나' 하며 깜짝 놀

랐답니다. 이처럼 20대에게도 생소한 10대의 문화이기도 하니, 내가 너무 몰랐구나 하며 자책하실 필요는 없습니다. 집 전화선을 뽑아 인터넷을 하다가 중요한 전화를 받지 못해 부모님께 혼났던 경험이 있는 이들이 요즘 2-3시간씩 친구와 전화(음성통화)를 하며 게임을 하는 것을 이해하는 것은 결코 쉬운 일이 아닙니다. 심지어 이름도 모르는 사람과 말이죠. 정확히 말하자면 모르는 것이 아니라 굳이 알아야 될 필요가 없는 것입니다. 정말 어렵습니다.

그런데도 알아야 합니다. 특히 청소년 사역을 한다면 더더욱 필요합니다. 이들이 대부분의 시간을 쏟는 곳이 어디인지 알아야 하고, 그들을 만나기 위해 접속하는 것도 한 가지 좋은 방법일 것입니다. 아무리 전화를 하고 카카오톡 메시지를 보내도 답을 하지 않는 청소년이 오늘도 디코(디스코드)에 접속해 있다는 것을 알고 계십니까? 이러한 현상 안에서 그동안 이야기해 왔던 '경험 중심의 문화'가 '다양성의 시대, 다원화된 세상'을 가져온다는 것을 발견할 수 있습니다. 각자의 경험이 다르다 보니, 다양한 취향을 가지고 그 취향에 따라 친구들이 모이고 있습니다. 여기에는 오프라인, 온라인을 가리지 않고 현대 문명의 이기를 잘 활용하고 있지요.

학교와 교회 친구, 곧 현실 친구가 전부였던 선배들과는 달리 다람쥐들은 실제로 만나지 않아도 친구로 지낼 수 있게 되었습니다. 온라인 세상에서는 현실의 내가 아니라, 내 아바타를 내세워 활동을 하게 됩니다. 아바타와 아바타가 살아가는 가상 공간이 있는 메타버스 메신저 본디Bondee의 유행을 들어 보셨나요? 여기서 아바타Avatar는 화신化身이나 분신分身을 뜻하는 산스크리트어입니다. 힌두교에서 지상 세계로 강림한 인간의 모습을 한 신을 의미합니다. 인터넷에 사용되는 또 다른 나, 사용자의 분신으로 많이 사용되고 있습니다. 힌두교 신의 아바타는 본체와 같지 않습니다. 힌두교의 3대 신 중 하나인 비슈누는 인간 세계에 수많은 아바타를 보내 인류를 구원하고 있는데, 붓다도 그의 아바타 중 하나입니다. 비슈누의 아바타들은 인간이 아닙니다. 가상 공간에서 내가 못하는 것을 하고, 나 대신 즐길 수 있는 요즘 세상의 아바타도 이와 비슷합니다.

그런데 이 분신의 역할이 점점 커지고 있습니다. 본체의 삶을 뛰어넘지는 않을까 염려가 되기도 합니다. 가상 공간에서 희로애락을 느끼고, 모든 것을 할 수 있기 때문입니다.

게다가 랜선을 뽑아 버리면 쉽게 초기화(리셋)할 수 있습니다. 그러나 본체의 삶은 되돌릴 수 없습니다. 또한 밥을 먹어야 되고 잠을 자야 하며 컴퓨터를 사고, 인터넷 요금을 지불해야 합니다. 아바타의 삶과 본체의 삶을 동일시하거나 아바타가 더 커지면 위험합니다. 단순히 위험하다고 막을 수만은 없습니다. 가상 세계의 아바타도 현실세계의 나처럼 진정한 나의 일부분은 아닐까요? 현실을 외면하고 가상 세계로'만' 갈 수밖에 없는 젊은 세대들의 상황과 어려움을 헤아려야 할 것입니다.

어른들의 인터넷 세상과 다람쥐들의 가상 세계의 차이가 바로 여기에 있는 듯합니다. 태어날 때부터 인터넷과 함께했기에 오는 '익숙함'과 부모보다 더 잘 활용하는 '능숙함.' 그리고 이것이 가져오는 '위험성'까지 말입니다. 어쩌면 자신만의 아바타를 가지고 살아가는 다람쥐들에게 예수님도 하나님의 아바타로 여겨질지도 모르겠습니다. 거기에 요즘처럼 강화된 아바타 정도로 예수님을 여길까 염려가 되기도 합니다. 그러나 출발선을 다시 정할 필요가 있습니다. 하나님의 아바타에서 예수님이 출발하면 진짜 인간이 아닌 신의 가상 인간일 뿐입니다. 그러나 예수님은 성육신

Incarantion하여 참 인간이 되신 진짜 뉴스, 곧 복된 소식입니다. 그러나 예수님은 본체이십니다. 그분은 하나님의 본체이자, 사람과 똑같은 실제 사람입니다(빌 2:6-7). 따라서 이 복음은 아바타가 아닌 성육신에서 출발해야 합니다.

하나님의 아들 예수님은 비슈누의 아바타와는 차원이 다릅니다. 가상이 현실로 침투하여 아바타가 자신보다 더 중요해지고 있는 (혹은 구분이 사라지고 있는) 이 세대에게 이 놀라운 신비를 어떻게 전할 수 있을까요? 한 가지는 확실합니다. 등짝 스매싱이 아니라, 강력한 인카운터encounter가 필요한 시대라는 것이죠.

취향 존중

다람쥐들의 경험 중심의 문화가 다양한 경험을 할 수 있는 기술과 만나 다양성의 세상이 되었습니다. 모두를 하나로 묶을 수 있는 전체주의는 점차 약해지며, 각자의 취향이 존중받는 사회가 되었습니다. 저처럼 2000년대 초반 청소년기를 보낸 사람이라면 스타크래프트를 알고 있을 것입니다. 게임을 비교적 자주 접하지 않는 여성분들도 임요환, 홍진호와 같은 프로게이머들에 대해서는 들어 보셨을 것입니다. 요즘 웹툰 작가들이 방송 예능에 출연하는 것처럼 당시 유명 프로게이머들이 방송에 나오는 것은 흔한 일이었습니다. 당시에도 물론 여러 게임이 존재하긴 했지만, 새로운 문화를 만들어 낸 선두 주자가 바로 스타크래프트였습니다. 지역마다 대회가 열리고 중고등학교나 대학 축제에는 스타크래프트 게임 대회가 빠질 수 없는 프로그램이었을 정도로 그 인기가 대단했습니다. 오늘날 요즘 애들의 놀이 공간으로 자리 잡은 PC방은 1998년 스타크래프트의 등장과 함께 생겨난 공간입니다.

요즘은 대세 게임이란 것이 없어진 모양입니다. 앞서 소개한 마인크래프트, 로블록스와 같은 게임이 유행이라고 해도 대세 게임이라고 하기엔 어렵습니다. 사실 이러한 게임은 그 게임 안에 각각 새로운 세계를 사용자들이 만들고 그 안에서 즐기는 '메타버스' 게임이라, 같은 게임을 한다고 해도 취향에 따라 전혀 다른 게임을 하는 것이기도 합니다. 또한 모바일 게임의 성장도 게임의 다양성을 키웠습니다. 어른들도 스마트폰을 통해 바둑이나 장기를 두고, 퍼즐 게임을 즐기기도 합니다. 심지어는 20년이 지난 스타크래프트를 아직도 즐기는 이가 많습니다.

예전 추억을 되돌리며 레트로 문화가 유행하기도 합니다. 레트로가 자기의 추억을 되살리는 현상이라면, 요즘 다람쥐들은 본인이 겪지도 않은 것을 마치 본인이 겪은 것처럼 즐기기도 합니다. 뉴트로(Newtro, new와 retro의 합성어)라는 말로 불리기도 합니다. 과거에 없던 새로운 과거의 탄생입니다. 새로운 부모 세대의 추억이 본인들의 새롭고 신선한 경험이 되는 것입니다. 그리고 자신들 입맛에 맞춰 재해석하고 서로 공유합니다. 어른에 대한 존중의 의미일까요? 새로운 것을 찾는 열정일까요? 뉴트로라는 이러한 이해하기 힘든 현상도 존재할 정도로 별일이 다 있는 세상입니다.

대세가 사라지고 취향이 다양화되었습니다. 뉴트로도 사회 전반의 대세 유행을 의미하지는 않습니다. 이것이 가능해진 이유가 무엇일까요? 사람들이 개인의 취향에 따라 모이기 쉬워졌습니다. 인터넷이 발전하며 같은 취향을 가진 사람들을 찾는 것이 쉬운 일이 되었습니다. 뉴트로가 가능해진 이유도 정보력 덕분입니다. 굳이 학교에서 친구가 하는 게임이나 취미 활동을 억지로 같이 하지 않아도 됩니다. 인터넷에서 취향에 맞는 취미 활동을 찾기 쉽고, 그 활동을 함께할 새로운 친구를 만나기도 손쉬워졌습니다. 네트워크가 넓어진 만큼 취미가 다양해진 것입니다. 경험 중심의 문화가 기술을 만나 다원화된 세상을 탄생시켰습니다.

사이버 가수 아담은 한 명(?)이었습니다. 그 뒤에 류시아, 사이다 등 후배들이 등장하기는 했지만 이들의 활동은 제한적이었습니다. 그러나 요즘은 정말 많아졌습니다. 특정 장르의 버츄얼 유튜버를 좋아하는 사람이 한 동네에 한 명씩만 있어도 전 세계에는 수천 명, 혹은 수만 명의 사이버 가수가 생길 것입니다. 굳이 동네에서 나와 같은 가수를 좋아하는 사람을 찾을 필요가 없습니다. 인터넷에서 찾으면 쉽습니다. 더불어 예전에는 모두의 취향을 만족시키기 위한 게임이나 상품을 만들었다면 이제는 특정한 마니아층의 호응을 통한 성공을 지향하게 되었습니다.

취향 존중, 줄여서 '취존'이라는 말을 들어 보셨습니까? 2000년대 초중반까지만 해도 일본 애니메이션 문화를 즐기는 사람들을 '오타쿠'라 부르며 좋지 않게 보던 시절이 있었습니다. 그 시절 "취향입니다, 존중해 주시죠"라는 말은 하나의 밈이 되어, 그들을 비꼬는 의미로 사용되었습니다. 그러나 최근에는 취향이 정말 존중받기 시작하며, 정말로 개인의 취향을 존중하지 않는 사람들에게 존중해 달라는 의미로 사용되고 있습니다. 자신이 좋아하지 않는 타작품이나 그 작품의 팬에 대한 비판을 멈추어 달라는 것으로 정중하게 사용될 때가 많습니다.

불과 10년도 안 되는 사이에 문화 상대주의가 강하게 나타나고 있습니다. 모든 문화에는 절대적인 우열이 없고, 고유의 가치가 있다는 것입니다. 비교적 적은 사람들이 즐기는 문화를 하위문화Subculture라고 부르기도 하는데, 요즘이야말로 하위문화의 전성시대가 되었습니다. 이제는 각자의 취향에 맞는 취미 생활을 하기 때문에 서로 비판할 필요가 없습니다. 서로 평가하지도 않습니다. 좋아하는 사람들이 모이기도 바쁘니까 말이죠.

　이러한 젊은 사회의 분위기는 기독교에 대한 부정적 인식을 극복할 수 있는 기회이기도 합니다. 이것은 보는 시각에 따라 다르게 여길 수 있겠지만, 온라인상에서 기독교에 대한 부정적 반응들이 줄어들 것이라고 예상합니다. 물론 2020년 여름, 코로나19로 인한 사회적 거리두기가 한참이던 시절 대면 예배를 강행하던 교회들에서 집단 감염이 발생하며 이들에 대한 비판의 목소리가 늘어났습니다. 몇몇 교회 지도자나 교회에 대한 비판이 개신교 전체의 이미지를 깎아 버렸을 수는 있습니다. 그러나 이를 극복할 수 있는 길이 열려 있습니다. 개교회가 여전히 기독교의 부정적인 인식에 대해 낙담할 필요가 없다고 생각합니다. 사회에서 교회를 다닌다고 해서 그 사람 자체를 부정적으로 보지 않는 문화가 생겨나고 있기 때문입니다.

사회 안에서 혐오를 만들어 이득을 보는 현실 정치, 집단 세력 등의 심각한 위협이 남아 있지만, 개인의 영역에서는 이것이 점차 희석될 것입니다. 교회의 부정적 인식도 개인의 영역에서는 점차 누그러지게 될 것입니다. 개개인의 하찮은 이야기까지 소통되는 시대에 위대한 복음 이야기가 유통될 채널이 많이 생겨났습니다. 위기는 결국 기회가 될 수 있습니다. 누군가는 심각하게 걱정하고 있는 포스트모더니즘 사조의 도움을 받게 될 상황이 오게 될 것 같습니다. 아이러니한 상황입니다.

진지한 이야기는 잠시 접어 두고 단순하게 생각해 봅시다. 남한테 피해를 안 주면 누가 뭐라고 할까요? 선한 모습을 보이며, 세상 속에서 선한 영향력을 계속 끼친다면 교회를 보는 세상의 시선은 분명 달라질 것입니다. 오히려 걱정해야 할 것은 기독교가 무관심 속에 놓이거나 하나의 취향으로 취급될 수 있다는 점입니다. 먼저 무관심에 관해 생각해 봅시다. 분명 문화 상대주의 사조 안에서 교회가 남에게 피해를 끼치지 않고 조용히 지낸다면, 부정적인 이미지는 줄어들 것입니다. "안티팬도 팬이다"라는 말도 있는데, 지금의 관심마저 없어지면 어떻게 될까요? 조용히 지내면 부정적 이미지야 잊혀지겠지만, 가만히 있으면 숨겨지고 말 것입니다. 교회, 그리고 그리스도인들은 숨어지내는 공동체가 아닙니다.

"너희는 세상의 빛이라 산 위에 있는 동네가 숨겨지지 못할 것이요"(마 5:14).

이처럼 세상의 빛이 되는 일을 제대로 감당하지 못한다면, 교회 건물 안의 형광등에 머물게 되고 말 것입니다. 욕 안 먹으면 됐다고, 무관심에 만족하시겠습니까? 두 번째, 기독교가 하나의 취미 활동으로 여겨질까 두렵습니다. 무관심보다 무서운 것은 기독교가 하나의 취향으로 여겨지는 것이겠지요. 한 청소년은 학교에서 친구와 교회에 관한 이야기를 나누다 친구가 이런 반응을 보였다고 합니다.

"그래 너 교회 다니는 거 알겠어. 너의 취향을 존중해 줄게. 대신 나에게 강요하지 마."

요즘 다람쥐들이 교회를 취향에 따른 여러 취미 활동 가운데 하나일 뿐이라고 생각하기에 이러한 답변은 점점 많아질 것입니다. '취향'으로 여겨지면 '존중'은 받겠지만 짠맛을 잃어버린 소금이 될 것입니다(마 5:13). 많은 동아리 활동이 있습니다. 다람쥐들은 러닝크루Running crew라고 해서 온라인에서 함께 달리기 모임을 할 친구를 찾습니다. "주말에 아빠랑 등산 가자"가 아니라, 트레킹 크루, 등산 크루에 참여해 자기와 같은 취미를 가진 사람과 함께 어울리며 시간을 보냅니다. 등산을 좋아하는 한 청년이 친구를 설득하여 더 이상 억지로 산을 가지 않고, 인터넷을 통해 등산 모임에 참여하는 것입니다. 스포츠 활동 외에도 글쓰기 모임, 독서 모임, 언어 교환 활동 등 많은 모임이 인터넷을 통해 주선되고 있습니다. 이들은 대부분 주말을 사용합니다.

이러니 다람쥐들에게 있어서 신앙생활은 단순히 취미 활동으로 여겨지지 않겠습니까? 주말에 하는 모임 정도로 생각할 수 있습니다. 그러니 남에게 강요하는 것을 불편하게 여길 수밖에 없을 것입니다. "네가 좋으면 좋아하는 사람끼리 하면 되잖아"라고 말이죠. 수많은 동아리 활동, 취미 활동이 그런 방식으로 이루어지고 있는 것처럼요. 다람쥐들이 생각하는 비정상이 무엇인지 아시나요? 남들에게 피해를 안 끼치고 자기가 좋아하는 것을 하면 그것은 '정상'입니다. 그리고 그것을 싫어하거나 안 하는 사람도 정상입니다. 대신 자기와 다르다고 참견하고 비판하거나 강요하는 사람을 '비정상'으로 봅니다. 신앙생활도 하나의 취미로 여기는 젊은 세대는 교회 다니는 것에 대해 이런 식으로 표현합니다.

교회 다니는 사람 = 정상

교회 안 다니는 사람 = 정상

교회 나오라고 강요하는 사람 = 비정상

이제 우리 그리스도인들이 준비해야 할 것이 있습니다. 여러분 가운데 정말 꼭 예수여야 할 이유가 있습니까? 그것을 남한테 소개하고 권유하는 것을 넘어서서, 복음을 전해야 할 진짜 이유가 있습니까? 그리고 당신의 진짜 이야기가 있습니까? 기독교가 하나의 취향에 따른 동아리 활동에 지나지 않는다는 말은 자존심이 퍽 상할 이야기입니다. 어떤가요? 분명히 내 안에는 뜨거움이 있는데, 전투 의지가 생겨나시나요? 바로 이 질문에 대한 답을 준비하지 못한다면, 기독교는 하나의 종교일 뿐 아니라 신앙생활은 취미 활동에 지나지 않게 될 것입니다. 사실 전투가 결코 아닙니다. '교회를 안 다니는 사람'도 존중받아야 합니다. 이들의 문화 안에서 신앙 공동체가 특별함을 보이지 않는다면, 자연스럽게 생겨날 생각입니다. 이들을 존중하며 복음을 전하실 수 있으십니까? 남 탓이 아니라, 내 탓을 해야 할 때입니다. 답은 꼭 말이 아니어도 됩니다. 삶으로 하나님을 보여야 하는 시대가 되었습니다. 예수님을 닮은 삶이라면 충분하지 않을까요?

"이같이 너희 빛이 사람 앞에 비치게 하여 그들로 너희 착한 행실을 보고 하늘에 계신 너희 아버지께 영광을 돌리게 하라"(마 5:16).

지갑이 열리는 곳

다양한 취향이 존재하고, 그것을 즐길 수 있으며 남에게 피해를 끼치지만 않는다면 존중받는 사회가 되었습니다. 특히 다람쥐의 문화에 더욱 이런 현상이 강하게 나타나고 있습니다. 이러한 현상 가운데 하나로 요즘 젊은이들의 씀씀이가 달라지고 있음을 확인할 수 있습니다.

돈은 굉장히 중요합니다. 내가 돈을 어디에 쓰느냐를 확인하면, 내 마음이 어디에 있는지를 확인할 수 있습니다. 연세대학교에서 기독교윤리를 가르치셨던 김중기 목사님은 인간의 가치체계를 구조화하여 설명했습니다. 인간이 추구하는 궁극 가치를 사랑, 평화, 자유로 인간의 기본 욕구에 따른 기초 가치를 돈, 권력, 명예로 정리했습니다. 여기서 궁극 가치와 기초 가치가 상호 조화를 이루는 짝이 있는데,

사랑의 짝이 바로 돈입니다. 제 말보다 김중기 선생님의 설명을 인용하면 이해하기 편할 것입니다.

돈을 가난한 사람들을 돕는 데 쓰면 그것이 사랑이며, 권력을 억압받는 사람들을 해방시켜 주는 데 행사하면 그것이 평화이고, 남의 명예를 먼저 생각하며 인간의 존엄성을 향상하면 그것이 자유이다.[12]

하늘의 가치인 사랑이 이 땅에서는 돈으로 나타난다고 해도 과언이 아닙니다. 자본주의 사회를 살아가는 사람들에게 돈은 중요한 지표가 되겠지요. 교회 안에서 돈 이야기를 하는 것은 낯간지럽고 부끄러운 이야기일 수 있음에도 잠시 돈 이야기를 하려는 이유가 바로 여기에 있습니다. 다람쥐들이 돈을 어디에 쓰는지 이해하면 그들의 마음이 어디에 있는지 어느 정도 감을 잡을 수 있으니까요.

　가성비라는 말을 많이 사용합니다. '가격 대비 성능의 비율'을 줄여서 가성비라고 사용하는 다소 오래된 신조어입니다. 가격이 저렴한데 물건의 질 혹은 성능이 좋거나, 가격 경쟁력이 좋은 제품을 가성비가 좋은 제품이라고 말할 수 있습니다. 10년 넘게 이 단어가 광범위하게 사용되면서, 전자제품 등에 적용할 수 있는 단순한 성능만을 뜻하지 않고 음식의 맛이 좋거나 양이 많을 때도 가성비가 좋다고 표현합니다. 가격 대비 효용이 높다면 가성비가 '높다' 혹은 '좋다'라고 쓸 수 있지요. 가성비는 다람쥐 말이 아닌 것 같다고요? 맞습니다. 가성비가 높은 제품을 찾는 것은 보편적으로 벌어지는 일입니다. 여기에 다람쥐들이 많이 사용하는 갓god을 가성비의 첫 글자와 바꿔 '갓성비'라고 하면 요즘 말이 됩니다. 갓성비의 뜻은 가성비가 정말 좋은 제품이라는 뜻입니다.

가성비 높은 제품을 찾는 것은 누구에게나 보편적인 일입니다. 따라서 가성비라는 말도 우리 입에 쉽게 정착된 것 같습니다. 가격을 결정하는 것이 성능에만 있는 것이 아니기 때문에 합리적인 선택을 하기 위해서는 가격 대비 성능이 좋은 제품이나 음식을 찾아다녀야 할 것입니다. 주의해야 할 것은 객관적으로 '성능'을 비교할 수 있는 물건이라면 가성비가 제법 객관적일 수 있겠지만, 음식의 맛처럼 개인적 효용과 관련한 제품이라면 주관적이기에 신뢰할 수 없을 것입니다. 이를테면 IT 제품들은 가성비 비교가 쉽습니다(물론 외국산 IT 제품 내구성, 사후처리, 기업 이미지 등 고려해야 할 것들이 많아 객관적이라고만은 할 수 없습니다). 반면 매우 저렴하고 푸짐한 국밥 한 그릇이 있다고 하면 양을 중시하는 사람들에게는 가성비가 높겠지만, 맛을 중요시하는 사람들에겐 아닐 수 있습니다.

요즘 가성비보다 더 중요하게 쓰이는 단어가 있습니다. 바로 '가심비'입니다. 가성비에서 파생되어 이에 반하는 말로 '가격 대비 심리적 만족도'를 나타내는 말입니다. 가격이 비싸더라도 자기 마음에 들면 가심비 높은 합리적 소비를 했다고 자평한다는 것이죠. 가성비가 어느 정도 객관화할 수 있는 것이었다면, 가심비는 완전히 주관적인 지표입니다.

무엇이 주관적인 자신의 마음을 만족하게 만들까요? 좋아하는 색상 등 디자인이 예쁜 제품들, 자신이 좋아하는 인물이 광고하는 제품, 어렸을 때 추억이 깃든 캐릭터 상품이나 추억의 음식 등. 마음을 움직이는 것은 가격뿐만이 아닙니다. 사회 초년생은 경차나 준중형 세단을 타야 하는 사회의 질서(?)가 있었습니다. 그러나 요즘은 이 질서도 무너지고, 가성비 좋은 경차나 국산 준중형 세단보다 빚을 내서라도 값비싼 차를 타는 '카푸어car poor족'이 생겨나고 있습니다. 좋은 자동차는 있지만 빈곤층에서 벗어나지 못한다는 말입니다. 자동차는 젊은이들의 가심비 중시 소비를 잘 보여 주는 예입니다.

심지어 높은 가격 자체가 마음을 흔드는 요소가 되기도 합니다. 요즘과 같은 고물가 시대가 될수록 소비 양극화가 일어나는 것을 알고 계시지요? 이월 상품에 비해 비싼 신상품을 찾아다니고, 자기가 구하지 못한 제품에 웃돈을 얹혀서 물건을 산다는 이야기는 제법 많이 들어 보셨을 것입니다. 고급 호텔에서 10만 원에 가까운 망고빙수를 먹으러 다니는 청년들이 많습니다. 한 신문 기사는 비싼 가격이 오히려 소비 심리를 당기고 있다고 지적합니다.[13] 초고가도 마케팅의 일환인 셈이죠. 이 마케팅에 응답하는 청년들은 SNS에 자신의 일상을 공유합니다. 쉽게 말해 SNS에 자랑할 수 있는 제품이라면, 가심비가 높은 것일 수 있습니다. 가성비와 가심비의 차이를 이해하셨나요? 가성비가 10년이 넘게 사용된 말이라면 다람쥐들은 가심비를 더 중요하게 생각하기도 합니다. 객관이 아닌 주관적이라고 하니, 계속 강조하고 있는 '개인화'된 다람쥐들의 성향과도 맥을 같이 하고 있음을 볼 수 있습니다.

　다람쥐는 내가 만족한다면 누가 뭐라 해도 지갑을 엽니다. 그런데 아이러니하게도 다른 누군가에게 자랑을 하려고 지갑을 열기도 합니다. 자동차, 명품 쇼핑, 호텔 호캉스 등 자랑하는 SNS 게시글을 쉽게 찾아볼 수 있습니다. 이처럼 다람쥐들은 부모 세대가 이해할 수 없는 데 돈을 많이 씁니다. 과거에는 게임에 돈을 쓰면 '현질(현금을 주고 사는 것)' 한다고 표현하는 등 부정적인 인식이 강했습니다. 그러나 요즘은 순화된 표현인 '과금'이 더 사용되고 있습니다. 돈을 쓰면서 자신의 캐릭터를 좋게 만드는 사람들을 '과금러'라고 하며, 조금 느리고 한계가 있지만 그래도 돈을 쓰지 않고 게임을 즐기는 사람들을 '무과금러'라고 합니다. 이렇게 게임에도 가성비를 따지며 즐기는 사람이 있는가 하면, 어느 정도 값을 지불하며 더 화려하게 즐기는 사람들도 있습니다. 게임에서만 사용되는 무형 재화임에도 내가 만족한다면 지문 인식을 통해 쉽게 결제를 해 버리곤 합니다.

　자신이 좋아하는 인터넷 방송인(스트리머, BJ/Broadcasting Jockey 등)에게도 후원을 하기도 하는데, 최근에는 미성년자나 젊은 친구들의 고액 후원이 이슈가 되고 있습니다. 부모나 법정대리인의 동의 없이 게임 머니를 충전하거나 인터넷 방송인에게 후원한 경우에는 환불 처리가 가능하게 되었지만, 아직도 문제는 많이 남아 있습니다. 한 20대 청년이 소액 결제, 각종 대출로 1억2천만 원을 한 BJ에게 후원을 했는데, 그 아버지가 자신의 아들은 심신미약으로 정상적 판단 능력이 없는 상태이며 극단적 선택까지도 시도하고 있다며 환불을 요청한 사건이 있었습니다.[14] 실제로 해당 BJ에게 후원한 금액은 약 13만 원 정도였습니다. 청년은 1억2천만 원의 대출 내역을 공개하며 "돈은 없는데 있어 보이고 싶었다"는 말과 함께 사과하며 해당 사건은 마무리되었습니다.[15] 무리한 빚을 낸 것은 맞지만, 전부 인터넷 방송인에게 후원하는 데 사용하지 않은 것입니다. 이처럼 다소 허무한 해프닝으로 끝이 났지만, 젊은이들의 문화의 어두운 일면이 경제 문제나 극단적인 사회 문제로 이어질 수 있음을 보여 주는 사건이 되었습니다.

다람쥐들의 소비문화를 소개했습니다. 이성적인 소비인 가성비와 감정적인 소비인 가심비가 공존하는 세상이 되어 가고 있습니다. 물론 여기에는 경제 양극화와 같은 심각한 사회 문제를 초래할 위험도 있습니다. 그러나 위험과 걱정을 내려놓고, 그들의 마음을 이해해 봅시다. 사랑하는 곳에 돈이 있습니다. 어디에 마음이 가는지 어느 정도 이해가 되십니까? 안 좋은 결과를 가져올 수도 있지만, 이는 극단적 예시일 뿐이며, 보통 청년들의 소비문화를 옳지 못한 것이라고 판단해서는 안 됩니다. 좋아하는 것에 돈을 쓰는 것은 당연한 일이기 때문입니다. 위험한 것은 법으로 규제하는 등 좋은 문화를 함께 만들어 가야 할 것입니다. 그들을 이해하는 것이 우선입니다.

교회 안의 문제로 잠시 끌고 와 질문을 던져 보겠습니다. 교회 안 다람쥐들이 헌금을 안 한다는 어느 목사님의 걱정을 들었습니다. 다람쥐들이 사랑하는 마음이 없어서일까요? 헌금 때문에 부담이 되어 교회를 나오지 않는 사람들도 꽤 많다고 합니다. 그렇다면 이것이 SNS에 자랑할 수 있는 것이 아니기 때문일까요?

물론 헌금은 자랑할 것이 아닙니다. 대부분의 교회가 주보에 헌금 액수를 기재하지 않고, 영수증의 의미로 명단을 공개합니다. 이마저도 부담이 될까 봐 명단을 기재하지 않는 교회도 있고 총액을 기록하여 재정을 투명하게 사용하는 교회들도 있습니다. 예수님은 부자의 헌금보다 가난한 형편 가운데 자기가 가지고 있는 생활비 전부를 드린 과부의 헌금을 칭찬하셨습니다(눅 21:1-4). 십일조도 힘든데 참 부담스러운 말씀입니다. 자랑할 수 없는 것인데, 부담스러운 건 사실입니다. 또한 다람쥐들은 마음과 형편에 따라 다르게 내는 헌금보다 정액제 회비에 더 익숙하기도 합니다. 서로 비교가 되는 것보다 똑같이 교회의 일원이 되고 싶은 다람쥐들이 있습니다. 어떻게 하면 다람쥐들이 기쁜 마음으로 주님께 드릴 수 있을까요? 어른들의 잔소리로 들려선 안 되겠지요. 물론 가르치기도 해야겠지만, 스스로 묻고 함께 고민하며 하나님 나라의 선한 경제관을 바르게 세워 나갈 수 있기를 기대합니다.

부캐의 삶

중간 정리를 해 보겠습니다. 요즘 젊은 세대인 다람쥐들의 문화에는 전통의 가치가 점점 약해지며 경험이 더욱 중요해지고 있습니다. 원팀, 주인의식, 충성도 같은 개념들이 희미해지며 개인주의가 강하게 나타나고 있습니다. 기술의 발달로 인해 다양한 경험을 할 수 있는 시대가 되어, 개인의 취향이 존중받는 사회가 되어 가고 있습니다. 이는 긍정적인 부분일 수 있겠지만, 그 이면에는 신앙생활도 하나의 취향이 되어 기독교의 '절대 진리'를 전하는 것이 점점 힘들어지는 것이 아닌가 하는 걱정이 들기도 합니다. 이들의 문화를 바르게 이해하고 그 문화 속에서 복음을 전하고 하나님 나라를 세워 가는 일들을 열심히 해내야 할 때입니다.

　다람쥐들의 생각과 문화가 이렇게 변하다 보니, 실제 삶의 양식들도 변하는 것을 살펴볼 수 있었습니다. 온라인 세상이 점점 넓어지면서 하나의 공간이 아닌 취향에 따라 다양한 공간에서 사람들을 만나게 되었습니다. 또한 평생 직장의 개념이 사라졌습니다. 앞서 살펴본 것처럼 공무원에 대한 인기가 시들해지고 이직이 쉬워지고 있습니다. 바로 앞에서 살펴본 바, 소비문화 안에는 이성과 감정이 극단적으로 사용되기도 합니다. 가상의 한 회사원을 소개해 드리겠습니다. 그는 점심 식사비를 아끼기 위해 편의점에서 간단하게 먹거나 도시락으로 해결하는 삶을 살고 있습니다. 그런데 이 사람이 어느 날은 해외에서 아낌없이 지출하며, 이른바 플렉스flex(재력을 자랑하는 말)하는 SNS 인싸[16]가 되기도 합니다. 이 자린고비 직장인과 관광지의 큰손 여행객이 동일 인물입니다.

'부캐'라는 말을 들어 보셨나요? 온라인 게임에서 주로 사용하는 캐릭터(본캐)가 아닌, 그 이외의 사용 빈도가 적은 캐릭터를 부캐(부캐릭터의 줄임말)라고 합니다. 먼저 사용하던 캐릭터 이후의 캐릭터이니 새로운 캐릭터를 뜻하기도 합니다. 어느 개그맨이 한 예능 프로그램에서 이름과 경력을 지우고 트로트 가수로 분장한 채 자신을 신인 가수로 소개하면서 부캐라는 말을 사용했습니다.[17] 연예인들이 기존의 이미지를 벗고(혹은 유지하며), 새로운 모습을 보이기 위해 만들어 내는 말입니다.

이제는 연예계를 넘어 일상생활에서 많이 사용되고 있습니다. 부캐는 평소의 나의 모습이 아닌 새로운 모습이나 캐릭터로 행동할 때를 가리키는 말[18]로 사용됩니다. 퇴근 후 운동하는 모습, 취미 생활을 하는 사진들을 인터넷에 올리며 '#부캐'라고 해시태그를 다는 것이죠. 한 개인이 상황에 따라 다른 사람으로 행동하여 다양한 정체성을 드러내는 이러한 현상을 '멀티 페르소나Multi-persona'라는 말로 표현하기도 합니다.[19] 그렇다면 앞서 소개한 해외여행을 가기 위해 일상생활에서 지출을 아끼는 회사원은 무엇이 본캐이고, 무엇이 부캐일까요? 삶의 모양들이 다양해지면서, 한 사람을 한 가지 표현으로 설명하는 것이 어려워졌습니다. 지금까지는 자신의 정체성이 주로 하는 일에 달려 있었습니다. 앞서 예로 든 '여행을 좋아하는 회사원'이란 말에도 사실은 회사원에 더 무게 중심이 실려 있습니다.

자신을 소개할 때는 어떤 일을 하는지 먼저 소개하곤 했습니다. "저희 아버지는 00(회사명) 다니십니다/회사원입니다"와 같이 답을 했습니다. 직업보다도 직장을 소개하는 경우가 많았습니다. 제가 어렸을 때 한 자동차 회사 공장 근처에 살아서 많은 친구가 자신의 아버지를 00차 회사원이라고 소개했던 기억이 납니다. 이제는 소개 문구에 직장보다 직업을 더 많이 언급하는 것 같습니다. 자동차 회사만 하더라도, 단순히 회사원이 아닌 연구(R&D) 분야, 전략기술, 전략지원(경영), IT, 디자인, 생산, 보안 등 수많은 분야의 직업인들이 함께 일하고 있습니다. 요즘에는 "우리 부모님은 자동차 개발자야/디자이너야" 등 직업으로 소개를 하는 경우가 많아졌습니다.

직업의 개념 자체도 변화하고 있습니다. 그래서 자신을 한 직업을 가진 사람으로 소개하는 것이 어려워진 이들이 많습니다. 한 분야의 전문성은 여전히 인정받고 있기는 하지만, 평생 직업의 개념은 점차 희미해지고 있습니다. 은퇴 이후의 삶도, 단순히 휴식으로만 단정되지 않고 있으며 노후에 새로운 길을 개척하는 분들이 많아졌습니다. 자신의 정체성을 일에서만 찾을 수 없게 되었습니다. 그렇다면 자신의 정체성을 어떻게 표현할 수 있을까요? 결혼하여 가정을 꾸리고 있는 사람들이라면 '한 사람의 배우자, 자녀의 부모'와 같은 식으로 표현할 수 있습니다. 그런데 1인 가구의 증가 등 가족의 개념들도 변화하고 있다는 사실도 잘 알고 계시나요? 초혼 연령이 높아지며 전체적인 혼인율이 떨어지고 있습니다. 반대로 이혼율은 증가하고 있습니다. 출산율의 감소는 사회의 큰 문제가 되었습니다. 젊은 친구들에게 애인이 있는지 없는지를 묻는 것 자체가 실례가 될 수 있으니 주의해야 합니다.

이러한 변화에는 워라밸(일과 삶의 균형, 'Work and Life Balance'의 줄임말)의 중요성도 한몫하고 있습니다. 일만큼이나 삶의 질을 높은 가치로 여기고 있는 것입니다. 일의 대응어를 가정이나 여가 생활로 표현하지 않고 삶으로 표현하는 것이 인상적입니다(참고로 이 말은 요즘 다람쥐들의 말이 아니라, 1970년대부터 서구에서 쓰인 말을 가져와 쓰게 된 것입니다). 일이 삶 자체이던 세대에게는 일과 삶의 균형이라는 말 자체가 성립되지 않을 수도 있습니다. 한 사람에게 일, 직업, 직장이 전부가 아니게 된 것입니다.

결국 자신의 정체성을 한마디로 표현하는 것이 어려워졌습니다. 이른바 부캐의 전성시대가 찾아오게 된 것입니다. 따라서 '여행을 좋아하는 회사원'은 요즘 시대에 어울리는 말이 아닙니다. 디자이너, 웹 개발자 등 직업으로 소개하는 것이 더 요즘 스타일에 맞는 말입니다. 그러나 이마저도 본인의 생각에 따라 직장 생활을 하는 모습이 자신의 본캐가 아닐 수도 있습니다. 이 사람은 필요에 따라 자신을 '마케터로 일하고 있는 여행자'라고 소개할지도 모릅니다. 직장, 가정, 여가 생활 등 모든 곳에서의 삶이 자기 자신의 소중한 일부입니다. 가까운 미래를 그려 봅시다. 아직 학생 신분인 Z 세대 다람쥐는 자신의 정체성(혹은 본캐)을 학생이라고 생각할 것입니다. 성인이 되고 사회에 진출하게 되면 이것이 또 어떻게 변할지 가늠하기조차 어려워졌습니다. 이러한 표현도 조심스럽습니다. 학교 밖 청소년도 많이 있다는 것을 고려해야 하기 때문입니다. 개인의 경험이 다양화되고 각자의 취향과 가치를 존중하는 시대가 되면서 참 많은 것들이 변하고 있습니다.

다람쥐들은 학교, 학원, 집, 온라인 공간, 교회에서의 자신을 모두 다른 삶으로 구분하여 살기도 합니다. 부모님이 학교에서 자신의 모습을 알고 개입하는 것을 싫어합니다. 방학 중 학교 친구에게 연락이 왔는데, 아직 방학 중인데 왜 연락을 했냐고 화를 냈다는 어느 유명한 일화가 인터넷을 떠돌기도 합니다. 그 아이에게 있어서 학교 친구는 학교에서만 만나야 하는 존재였던 것이죠. 카카오톡 메신저의 멀티 프로필(설정한 친구마다 다른 프로필을 보여 주는 기능)을 적극적으로 활용하기도 합니다. 각 친구마다 다른 나를 보여 주고 싶으니까요.

교회 안에서 만나는 교회 친구도 비슷합니다. 교회 친구는 교회에서만 만나는 친구라 일주일에 한 번 보는 사이입니다. 이러다 보니 교회 밖에서의 삶을 교회 안에서 서로 공유하는 것을 어색하게 느끼기도 합니다. 물론 전부는 아닙니다. 아닌 사람들도 있습니다. 그러나 이러한 사람들이 많아질 것이라고 예상합니다. 학교에서 다소 거친 자신의 캐릭터와 교회 안에서 착한 캐릭터가 서로 부딪히는 것이 부담스러워서일까요? 청소년 사역을 하다 보면, 교회 안에서 서로가 지켜야 하는 '선'이 있음을 종종 느낍니다. 서로를 막는 단단한 벽 같기도 합니다. 가까운 미래, 그리고 이미 다가온 현실 속에서 다른 페르소나를 가지고 살아가는 이들에게 삶의 전체 영역에서 온전한 그리스도인의 삶을 요청할 수 있을까요?

우리는 혼종성의 시대, 곧 하이브리드Hybrid의 시대를 살고 있습니다. 하이브리드는 두 개 이상의 요소가 결합하는 것을 의미합니다. 그리고 문화적 혼종성混種性이란 이질적인 여러 문화가 서로 섞여 새로운 문화를 만들어 내는 것입니다. 오늘날은 문화적 다양성 속에서 한 사람의 삶과 정체성이 드러나고 있습니다. 다양한 문화 위의 온전한 복음이 있습니다. 복음의 능력을 세상 문화 가운데 잘 사용해야 할 때입니다. 무엇보다 다음 세대를 정죄하고 심판하지 않고, 개인의 개성과 가치를 인정하면서, 동시에 이 모든 것보다 크신 예수님의 사랑을 전해야 하지 않을까요?

"하나님이 그 아들을 세상에 보내신 것은 세상을 심판하려 하심이 아니요 그로 말미암아 세상이 구원을 받게 하려 하심이라"(요 3:17).

"그의 십자가의 피로 화평을 이루사 만물 곧 땅에 있는 것들이나 하늘에 있는 것들이 그로 말미암아 자기와 화목하게 되기를 기뻐하심이라"(골 1:20).

하나님께서는 예수 그리스도의 피로 말미암아 모든 만물이 그와 화목하게 되기를 원하십니다. 먼저 정죄하기보다는 모두 함께 평화의 하나님 나라를 만들어 가는 길을 찾아가면 어떨까요?

혼자가 아닌 세상

지금까지 다소 복잡한 다람쥐의 문화와 그들의 생활에 관해 이야기했습니다. 여기까지 살펴본 그들의 인상은 어떤가요? 다람쥐들은 각자의 개성이 강하고, 개인주의가 심한 것 같나요? 요즘 군대 생활관의 자유 시간에는 대화도 없고 심지어 TV 시청도 없답니다. 각자 침대에서 자기 스마트폰을 가지고 있습니다. 이런 이야기를 들으면 저조차도 "라떼는 말이야!"를 찾게 됩니다. 그래도 여기까지 함께해 주셨다면 나름 자신감에 차서 요즘 애들을 함부로 대해선 안 되겠구나, 하는 생각이 드시나요? 어리다고 함부로 대해서는 안 됩니다. 그렇다고 이들을 내버려 두어서도 안 됩니다. 그렇다고 해서 요즘 애들이 혼자서만 지내지는 않습니다. 이들은 남의 도움이 전혀 필요 없는 존재가 아닙니다. 그들을 잘 이해하고 필요를 안다면, 함께할 수 있는 틈을 발견할 수 있을 것입니다.

마지막으로 교회 안팎의 세상 문화 속 젊은이들의 속마음을 알기 전에, 한 가지 현상을 더 살펴봅시다. 요즘 젊은 세대들의 삶에 아무리 개인주의가 강해졌다고 한들, 사람 간의 관계가 끊어지지 않고 있습니다. 전체주의 혹은 국가주의가 약해지고 있습니다. 큰 공동체는 결속력이 약해졌습니다. 월드컵을 예로 들어 볼까요? 2002년 우리나라에서 월드컵이 열린 지 20년이 지났습니다. 빨간 옷을 입고 광장에 모여 다 함께 응원했고, 선수들은 투혼과 열정으로 보답했습니다. 그 결과 우리나라는 4강 진출이라는 '신화'를 만들어 냈습니다.

20년이란 시간이 지나, 2002년 태극전사를 보고 축구선수의 꿈을 키운 2002 월드컵 키즈들이 해외의 최상위 리그에서 활약하고 득점왕을 차지하는 등 뛰어난 행보가 이어지고 있습니다. 또한 그들이 이제는 우리나라를 대표하는 국가대표 축구선수가 되었습니다. 그러나 다시금 4강 신화를 꿈꾸기에는 세계와의 격차가 먼 상황입니다. 투혼을 바탕으로 2002년의 신화를 만들어 냈던 축구선수들이 2022

년 월드컵을 준비하는 후배들에게 부담을 갖지 말라고 당부했습니다. 한 축구선수는 월드컵 트로피 투어 행사장에서 다음과 같이 말했습니다.

"객관적인 전력상 16강 확률이 높은 건 아니라고 솔직하게 생각합니다. 2002년에도 우리가 4강에 갈 거라고 누구도 예상하지 못했던 것처럼, 지금부터 어떻게 준비하느냐, 또 얼마나 노력을 하느냐에 따라서 월드컵 성적이 달라질 수 있을 것입니다."[20]

이는 후배들의 긴장을 풀어주기 위한 말이었을 것입니다. 이후 후배들은 보란 듯이 16강 진출에 성공했습니다. 그러나 20년 동안 큰 성장이 없었다는 것은 축구팬의 입장에서 아쉽기도 합니다. 언제까지 16강에만 만족할 것이냐는 말도 나오지만, 이젠 아낌 없이 박수를 쳐주는 분위기로 변화하고 있습니다. 부담보다는 응원과 격려로 충분합니다.

이러한 현상은 올림픽을 비롯한 국가대항전에서 성과주의, 메달 지상주의가 많이 약해진 것과 맥을 같이합니다. 성과주의 보도를 시대에 뒤떨어졌다고 비판하며, 최선을 다한 선수들을 응원하는 여론이 늘어나고 있습니다. 팬데믹으로 인해 1년 연기되어 개최된 도쿄 올림픽에서는 은메달과 노메달 선수에게도 응원과 격려가 전달되었고, 성적과 관계없이 개인의 위기를 극복하고 올림픽에 도전한 이야기가 집중을 받기도 했습니다.[21] 월드컵 출전을 앞둔 선수들에게 객관적인 16강 진출 가능성이 적다고 말할 수 있는 것도 20년 전에는 상상하기 힘든 상황이었습니다. 투혼과 투지로 국가의 위상을 높여야 한다는 국민 여론이 점차 약해지고 있습니다.

이렇게 스포츠 애국주의, 국가주의가 약해지고 있습니다. 개인의 스토리에 감동하고 응원하며 전체주의보다는 개인주의가 강화되고 있습니다. 이러한 현상에는 개인주의가 강해진 젊은 세대들의 영향이 있다고 생각합니다. 지난 20년 동안 스포츠계는 변화하고 있습니다. 스포츠 애국주의는 확실히 약해졌습니다. 대신 동호회 중심의 생활 스포츠(축구, 농구, 배드민턴, 탁구, 스쿼시, 볼링, 당구 등)가 유행하고 있습니다. 개인이 실제로 참여할 수 있다는 장점이 있습니다. 그러나 프로 스포츠 시장 자체가 위기에 빠지지는 않았습니다. 개인주의가 강화되고, 자신들의 실리를 추구하는 다람쥐들도 프로 스포츠를 즐깁니다. 여기에는 온라인 커뮤니티와 동호회의 영향이 있습니다. 같은 선수 혹은 팀을 응원하는 친구를 온라인에서 쉽게 만날 수 있습니다. 응원단, 서포터즈 활동도 현장 경기 응원과 더불어 온오프라인 모두에서 활발하게 이루어지고 있습니다. 경기를 함께 응원하고, 뒤풀이도 하며 사교 모임을 이어 갑니다. 경기가 없는 날에는 온라인 커뮤니티에서 서로의 소식을 나눕니다.

대형 온라인 커뮤니티 가운데는 스포츠 관련 사이트로 시작한 경우도 있습니다. MLBPARK(엠팍), 에펨코리아(펨코)는 각각 본래 스포츠(야구), 특정 스포츠 게임(축구)의 정보를 공유하기 위해 만들어졌으나, 점차 규모가 커져 다른 문화, 취미, 정치 등의 이슈를 이야기하는 대형 커뮤니티가 되었습니다. 스포츠의 강하게 당기는 인력이 가상 공간 속 하나의 집단 문화로까지 확장된 것입니다.

이렇게 취미로 모이기 시작한 작은 소모임이 온라인 정치 집단이 되어 문제가 되기도 합니다. 커뮤니티마다 비슷한 정치색이 드러나 과격한 언행들로, 사회적 이슈가 야기되었습니다. 앞서 소개한 스포츠 중심의 커뮤니티는 남성 회원 위주로 보수적 성향을 보이고 있으며, 유머 사이트로 시작한 오늘의 유머(오유)나 IT 정보를 공유하는 클리앙의 경우 상대적으로 진보적 성향이 강합니다. 여성들의 비율이 높은 여성시대(여시), 더쿠 등의 커뮤니티도 있습니다. 반면, 디지털 카메라 정보를 다루던 사이트로 시작한 디시인사이드(디시)는 다양한 주제별 갤러리(게시판)가 운영되는 국내 최대 규모 커뮤니티입니다. 최대 규모답게 다양한 취미와 관심사에 따라 다양한 이용자가 접속하고 있습니다. 이 커뮤니티들은 성별, 취미, 나이, 정치적 가치관 등으로 모이기에 요즘 다람쥐들만의 문화라고 보기 어렵습니다. 그러나 "커뮤니티로 정치를 배운다"는 말이 있을 정도로 젊은 세대일수록 커뮤니티 활동을 통해 세상을 바라보는 경향이 다분합니다.

각 커뮤니티(디시인사이드의 경우 갤러리)의 성향상 정치, 젠더 이슈 등 사회적으로 첨예한 문제에 관하여 한 가지 측면만이 강조되다 보니 그 위험성 또한 커집니다. 사회 전반적으로 전체주의가 약해지고 있지만, 온라인에서 개별 커뮤니티에 따라 전체주의가 강하게 드러나는 것은 아이러니한 현상입니다. 하나의 강화된 집단, 인격이라고 보면 어느 정도 이해할 수 있습니다. 개인주의가 강해지면서, 동시에 전체주의가 강하게 나타나는 마치 하나의 인격과도 같은 집단들이 생겨나고 있습니다. 자기 자신을 알고 상대를 보며 피아식별을 하고자 하는 마음이 기본으로 자리 잡고 있습니다. 자신과 잘 맞는 사람은 친구가 되고 집단이 됩니다. 반면 얽히기 싫은 사람은 빨리 정리해 버립니다. 오늘도 다람쥐들은 자신과 잘 맞는 이를 찾아내려고 부단히 애를 씁니다.

예를 하나 들어 보겠습니다. 예전엔 혈액형으로 사람의 성격을 구분했습니다. 요즘에는 mbti 성격 유형 검사를 통해 사람을 구분합니다. 과학적 근거 없이 4가지 혈액형으로 사람을 구분하는 것보다, 선호 경향을 분석한 지표에 따른 심리 검사로 자기 자신을 알게 되는 것은 더 좋은 현상입니다. 그러나 16가지로 사람을 구별하여 다른 사람을 쉽게 평가해 버리는 것은 위험해 보이기도 합니다. 다람쥐들은 새로운 친구를 만나기 전 mbti를 묻고 자신과 잘 맞지 않는 mbti 성향이라면 만나기 전부터 거부합니다. 잘 맞는 사람을 미리 가늠해 보는 도구가 되었습니다. 무척 효율적이지만, 걱정이 되는 것도 사실입니다(mbti로 자기 존재를 규정해 버리거나, 자기합리화의 도구로 삼으면 안 되겠지요).

이렇게 비슷한 성향을 가진 사람들만의 모임이 강해지고 있습니다. 쉽게 선을 긋기도 합니다. 여기서 중요하게 말하고 싶은 것은 어찌 되었든 간에 사람 간의 연결은 끊이지 않고 있다는 사실입니다. 아무리 개인화가 되어도 사람들은 혼자 살 수 없습니다. 물론 1인 가구가 늘어나고 있습니다. 그러나 이것은 가족 공동체를 이루는 것에 관한 부담 등 실리적인 측면에서 발생하는 현상으로, 이웃과의 연결 없이 혼자 사는 사람은 찾기 힘들 것입니다. 집 밖으로 잘 나오지 않는 사람들도 온라인 세상에서는 서로 소통하며 살아가기 때문입니다. 집에서 혼자 살 수는 있습니다. 군대에서도 각자 스마트폰을 통해 자신의 세상과 소통하고 있습니다. 정말 나 혼자 살아가는 사람이 있을까요? 여기서 힌트를 얻어 봅니다. 방법의 차이는 생겨났지만, 사람과 사람의 연결은 끊이지 않습니다. 물론 깊이 있는 관계를 맺는 것이 어려워 보이기는 합니다. 그러나 이들이 자신들이 알게 모르게 사람들과의 관계를 추구하고 있고, 그 속에서 살아가고 있음을 기억해야 할 것입니다.

확실히 도움이 필요한 영역이 있습니다. 요즘 젊은 친구들 모두에게 해당이 되는 이야기는 아니지만, 자신을 사랑하지 못하는 사람이 많아졌습니다. 우울증을 앓고 있는 청년들이 많아졌습니다. 우리나라의 자살률이 OECD 국가 중 1위라는 이야기는 많이 들어 보셨을 것입니다. 거기에 극단적 선택을 하는 청소년 숫자가 늘어나고 있다는 소식도 들립니다.[22] 청소년 사망의 원인 1위가 자살임에도 병원이나 전문 기관의 도움을 받는 청소년들의 수가 적은 것이 현실입니다.[23] 극단의 상황만 해당하는 것이 아닙니다. 모두에게 도움이 필요합니다. 혼자 살아가는 다람쥐는 없기에 그들에게 친구가 필요합니다. 진짜 중요한 문제는 이들이 원하는 친구가 되어 주어야 한다는 것입니다. mbti 성격 유형의 세 번째 글자 유형은 T(사고형)와 F(감정형)로 구분됩니다. 요즘 타인의 감정 혹은 기분에 공감하지 못하는 사람을 보고 이렇게 말합니다.

"너 T야?"

다람쥐에겐 어떤 친구가 필요할까요? 혹은 자신을 전적으로 헌신할 정치 집단이 필요할까요? 그렇지 않습니다. 자신과 다른 모습을 한 사람들과는 얽히고 싶지 않지만, 마음속에서는 외로움을 느끼고 있습니다. 자신의 감정에 공감해 줄 사람이 필요할지도 모릅니다. 그들에게 획일적인 모습을 강요하지 맙시다. 그저 다람쥐들은 친구가 필요할 뿐입니다. 성육신하셔서 온전한 인간이신 예수님이 이들의 친구가 되어 주십니다. 그들을 공감해 주십니다. 또한 예수님의 제자가 된 그리스도인들이 이들의 친구가 되어야 할 것입니다. 다람쥐들의 속마음을 알고, 공감해 줘야 합니다. 이들의 눈높이에서 이야기를 경청할 수 있는 진정한 친구가 되어야 하지 않을까요?

전 안 낚여요!

다람쥐들을 함부로 대하면 안 됩니다. 그렇다고 이들이 남의 도움이 전혀 필요 없는 존재인 것은 아닙니다. 산속 도토리를 주워 가면 겨울에 다람쥐들이 굶는다고 합니다. 이처럼 인간 다람쥐들도 혼자 살아갈 수 없습니다. 다람쥐들은 자신을 내버려 두길 원하지 않습니다. 잘 표현하지 않고 내색하지는 않지만, 다른 사람들과 마찬가지로 사람이 필요하고 사랑이 필요합니다. 이것도 표현이 서툴고 부족한 것일 수 있습니다. 그러나 더 큰 것은 그저 방법과 속도의 차이라고 생각합니다. 서로서로 깊이 있는 터치를 원하지 않고, 부담스러워하는 것 같기도 합니다. 서로 얽히고 싶어 하지 않지요. 이렇게 연결이 끊어졌습니다. 강압적으로 다가가서는 친구가 될 수 없습니다. 이들의 문화와 상황에 맞추어 다가

갈 길을 모색해야 합니다.

다람쥐들에게는 어떤 친구가 필요할까요? 이들의 친구가 되기 위해서는 교회가 어떤 공동체여야 할까요? 결론을 내리고, 정답을 외치면 참 좋겠지만 감히 여기선 답을 내지 못할 것 같습니다. 그러나 여기서는 소소하게나마 복음의 한 가지 원리를 통해 몇 가지 주의해야 할 것들을 고민의 시작으로 제시하고자 합니다. 먼저 존중받고 의미를 찾으면 달라질 수 있습니다. 자신에게 꼭 필요하다고 여겨지는 공동체나 친구에게 마음을 여는 일을 종종 마주합니다. 지금까지 요즘 애들, 곧 다람쥐의 문화와 현상들이 왜 일어나고 있는지 배경을 살펴보았기에 이 일의 사전 작업은 어느 정도 한 것 같습니다. 어른의 관점이 아닌, 이들의 관점에서 그들의 문화와 생각을 이해하는 것이 첫 번째 관문입니다. 말씀이 육신이 되어 우리 가운데 거하신(요 1:14) 아버지의 독생자, 예수 그리스도의 존재와 삶 자체가 이러한 사랑을 나타내고 있습니다.

"예수께서 이르시되 어린 아이들을 용납하고 내게 오는 것을 금하지 말라 천국이 이런 사람의 것이니라 하시고"(마 19:14).

다람쥐, 요즘 애들, 젊은 세대를 용납하고 그들이 주님께 나아갈 수 있도록 도와야 합니다. 천국은 이들의 것입니다. 어린아이가 순결하고, 천진난만하기 때문에 천국의 주인이 되는 것이 아닙니다. 어른들의 말을 잘 듣고 순종하기 때문에 예수님께 나아갈 수 있는 것도 아닙니다. 그저 어린아이이기 때문에 주님께서 용납해 주시는 것입니다. 곧바로 이어지는 말씀도 마찬가지입니다. 계명을 잘 지키는 부자 청년은 가진 재물 때문에 근심하며 돌아갔습니다. 하나님 나라에 들어가는 것은 인간 스스로 해내기엔 너무나도 어려운 일입니다. 제자들이 몹시 놀라 묻습니다.

"그렇다면 누가 구원을 얻을 수 있습니까?"(마 19:25)

예수님은 이렇게 대답하십니다.

"예수께서 그들을 보시며 이르시되 사람으로는 할 수 없으나 하나님으로서는 다 하실 수 있느니라"(마 19:26).

하나님이 하십니다. 차별하고 평가하며 재단하고 정죄하는 것만이 능사가 아닙니다. 하나님이 인간이 되셔서 우리의 친구가 되어 주신 것 그 자체로 충분합니다. 예수님이 그 길을 열어 주셨습니다. 이것이 다람쥐들을 비롯한 모든 사람이 하나님의 사랑 안에서 발견하는 참 의미입니다. 이런 결론 속에서 교회 밖 다람쥐를 대할 때 교회가 주의해야 할 것들을 몇 가지만 생각해 봅시다. 교회는 사회의 문제를 해결하거나, 마음의 병을 치료하는 전문 기관이 아닙니다. 극단적 선택이 늘어나는 세상에서 이들을 모른척 할 수는 없을 것입니다. 경제적 문제, 무한 경쟁 사회가 주는 스트레스 등으로 자기 효능감이 떨어지고, 부모로부터 독립하는 것이 힘든 세대입니다. 당연히 교회는 이들에게 도움이 되는 곳이어야 합니다. 안전하게 쉴 수 있는 곳, 함께 걸어갈 수 있는 친구가 되어야겠지요.

이단들은 이러한 문제 속에서 빈틈을 발견해서 사람들에게 다가갑니다. 관심을 못 받는 이들에게 관심을 주어, 자기 사람으로 만들어 버립니다. 이곳이 잘못된 길임을 알게 되더라도 그 공동체를 벗어나면 자신의 존재 의미 자체를 찾을 수 없어 그곳에 머물러 버립니다. 역사상 사회의 문제를 해결하기 위해 교회가 해낸 일들이 참 많습니다. 산업혁명

시기 영국이 소년공들을 위한 주일 학교를 만들었던 것과 같이 사회 복지는 기독교가 앞장서 온 일 중 하나였습니다. 그러나 현대 사회의 발전으로 이러한 교회의 역할을 점차 국가와 세속 시민 사회가 감당하게 되었습니다. 이 안에서 아직도 교회가 할 수 있는 영역은 많이 있지만 이것은 결코 본질이 아닙니다. 사회 문제 해결에 집중하거나, 마음의 병을 치유하는 일에 집중하는 것은 교회의 본질이 아닙니다.

또한 교회는 취향이나 취미로만 모이는 공동체도 아닙니다. 어떤 이단 단체는 시험을 통한 승급 제도를 만들었습니다. 도대체 왜 또다시 경쟁을 하면서 살아가려고 하는지 안타깝기도 합니다. 그런데 어쩌면 이것은 요즘 젊은이들에게 성취감을 주는 장치이기도 할 것입니다. 온라인 게임에서 어려운 퀘스트(임무)를 수행하면서 즐거움을 누리게 하는 것과 같은 전략일지도 모릅니다.

교회 안에는 나이별, 취미별로도 많은 모임이 있습니다. 교인들끼리 축구팀을 만들어 다른 교회 축구팀과 운동을 하기도 합니다. 그러나 교회가 이런 모임을 주최하는 것도 온라인을 통해 친구를 찾기 쉬워진 젊은이들의 문화에선 점차 영향력을 발휘하기 어려울 것입니다. 이민 사회에서 한인 교회의 역할이 점차 축소되고 있는 것을 떠올리면 이해하기 쉽습니다. 한인 교회에 가야만 생활 정보를 얻을 수 있었던 과거와는 달리, 해외에서도 인터넷으로 친구를 찾고 정보를 찾을 수 있는 시대가 되었습니다.

교회가 다람쥐들에게 하나의 동호회로만 비칠까 걱정됩니다. 교회에서 친교를 위한 모임을 하고 여러 프로그램을 만드는 것은 정말 중요하고 좋은 일이지만, 이것은 본질이 아닙니다. 한 중학생 친구가 엄마에게 "엄마는 친구 만나러 교회 가잖아. 나도 친구 만나러 다녀올게"라며 교회에 가지 않고 친구들과 놀러 나갔다는 이야기를 들었습니다. 이 친구의 어머니 집사님이 참 속상해하셨습니다만, 이 친구의 눈에 비친 교회는 어떤 곳이었는지 어렵지 않게 예상할 수 있습니다.

다람쥐에게 다가가기 위해서는 그들의 필요를 채워 줄 수 있는 공동체가 되어야 합니다. 그러나 먼저 건강한 교회론을 통해 그 본질을 잃어버리지 않도록 노력해야 하지 않을까요? 그러니 우리가 할 수 있는 것을 잘해 봅시다. 예배와 말씀 묵상, 예전과 예식, 성경 공부와 제자 양육 등 교회가 마땅히 해야 할 일을 해냅시다. 말씀으로 살아 내는 예수님의 제자로 그들을 성장시켜야 합니다. 이는 성속의 이분법을 없애고, 진정한 하나님 나라를 만드는 일입니다.

다시 한번 강조하지만, 세상의 필요에 응답하여 교회가 할 수 있는 최선을 다해야 할 것입니다. 그러나 그들의 눈높이에 맞는 사교 모임이 전부가 되어서는 안 됩니다. 세상과 대결을 하기보다 하나님의 눈에 흡족한 공동체가 되기를 꿈꾸어야 합니다.

사람으로는 학원 혹은 여가 생활을 이길 수 없으나, 하나님으로서는 다 하실 수 있습니다.

세례 요한 이후 하나님 나라는 세상 가운데 침입합니다(마 11:12; 눅 16:16). "모두 거기에 억지로 밀고 들어"가게 되는 것입니다(눅 16:16, 새번역). 낚는 것보다 더 무서운 표현이지만, 하나님 나라가 이 땅 가운데 임하는 모습은 이렇습니다. 벽이 허물어지고 세상 가운데 하나님의 통치가 실현되는 것입니다. 그 영역이 점차 확장됩니다. 그리스도를 닮은 성도의 삶으로 이루어지는 것이죠. 우리가 해야 할 일을 하면 됩니다. 사람을 낚는 어부가 되게 하셨지만(마 4:19), 다람쥐

말로 사람을 '낚시'하는 일은 위험합니다. 속이지 말고 진정한 하나님의 사랑을 전해야 하지 않을까요? 과자를 나눠 주며 중학교 앞에서 전도를 하는데, 한 학생이 저에게 이런 말을 했습니다.

"고생하시네요. 그런데 전 안 낚여요."

전도는 보이스 피싱(전화 사기)이 아닌데, 참 듣기에 속상한 말이었습니다. 과연 내가 전도를 하고 있었는지 고민을 하게 되었습니다. 일단 교회에 발을 들이기 위해서는 꼭 필요한 것은 분명한데, 참 어려운 문제입니다. 하나님께서 우리를 있는 모습 그대로 받아들이시고 사랑하신 것처럼, 다람쥐들을 있는 모습 그대로 받아들이고 사랑하기를 꿈꿉니다. 그리고 억지로 몸에 안 맞는 옷을 입을 필요 없이, 우리의 모습을, 모든 옷을 입을 수 있는 사랑의 공동체의 몸으로 변화시킬 수는 없을까요? 체질 개선이 필요한 때입니다.

　하나님은 어떤 교회를 원하시고, 다람쥐들은 어떤 교회를 원할까요? 겉만 보기 좋은 교회가 아닌, 속이 진국인 진짜 교회. 말씀이 살아 있는 교회. 하나님이 주인이 되어 그

사랑을 실천하는 교회. 그 사랑이 진정 살아 있다면 다람쥐
들도 마음을 열고 함께할 수 있지 않을까요? 낚이는 것이
아니라 돌아서는 것이 회심입니다. 이 사랑을 깨닫고 복음
을 자기 것으로 받아들이는 삶, 이것이 진정한 회심이 아닐
까요? 그렇다면 교회 안 다람쥐들은 어떻게 생각하고 있는
지, 계속되는 2부에서 함께 나누고 고민을 '시작'하기를 기
대합니다.

다람쥐들에 관한 대화

아래 질문들을 전부 나누지 않아도 좋습니다. 모임 구성원에 알맞은 질문을 선택하여 충분한 대화를 나누어 주세요.

💙 여러분이 경험한 첫 번째 미디어는 무엇이었나요? 자신을 어느 세대라고 부를 수 있을지 생각해 봅시다. 그러나 세대를 구분할 때 발생하는 문제점은 무엇일까요?

💙 일상 가운데 다람쥐를 만난 경험을 나누어 봅시다. (예의, 주인의식, 온라인, 취향 존중, 멀티 페르소나, 워라밸 중시 등)

💙 회식 문화, 워크숍 등 나는 당연하다고 생각했던 것 중 다람쥐들이 불편해하는 것이 무엇일지 생각해 봅시다.

💙 여러분은 스스로 꼰대라고 생각하나요? 다람쥐가 느끼는 나와 내가 생각하는 나의 차이는 무엇인가요?

💙 다음 세대는 기성세대보다 사회 경제적으로 힘든 세대라는 말에 동의하시나요? 축적을 포기하고 소비하며 자랑하는 문화에 대해 어떻게 생각하시나요?

💙 여러분의 온라인 생활에 대해 생각해 봅시다(단톡방, 온라인 쇼핑, 오픈 채팅 등). 모두가 스마트폰을 가진 세상에서 다음 세대와 기성세대 간에는 어떤 차이가 있을까요? 건강한 온라인 세상을 만들기 위해서는 어떻게 해야 할까요?

💙 기독교는 많은 취향/취미 활동 중 하나일까요? 이렇게 생각하는 교회 밖 다람쥐들에게 복음을 어떻게 전할 수 있을까요?

2부

안에서

젊음은 무기인가

본격적으로 교회 안 젊은 세대의 이야기를 해 보겠습니다. 먼저 앞에서 이어 온 이야기들을 바탕으로 질문 하나 하겠습니다. 워라밸Work and Life balance(일과 삶의 균형) 이론을 가지고 묻겠습니다. 신앙생활을 하는 것은 워크(일)인가요? 라이프(삶)인가요? 여가 생활로만 이해하기에는 많은 청년들이 교회에서 여러 봉사를 하고 있습니다. 이들의 마음은 어떨까요? 이것을 세상의 가치와 문화 속에서 워크나 라이프의 영역으로 받아들이고 있지는 않을까요? 그렇다면 먼저 두 가지 영역으로 구분하여 고민해 봅시다. 신앙생활은 라이프, 곧 사생활의 영역일까요? 일단 노동은 아니기 때문에 교회 일에 전문적으로 종사하고 있는 목회자, 교회 직원들을 제외하면 신앙생활은 라이프에 가깝습니다. 여가 시간

을 활용하기 때문에 교회를 다니는 일을 여가 활동으로 볼
수 있습니다. 신앙생활을 통해 쉼을 얻고, 그 안에서 마음의
평안과 안식을 얻을 수 있다면 정말 의미 있는 여가 생활일
것입니다.

대부분은 이렇게 행복한 신앙생활을 하겠지요. 마땅히
그래야 합니다. 그러나 교회 안에서 청년들을 만나 보면 지
친 경우를 종종 발견합니다.

"너무 지쳤어요. 힘들어요."

마치 번아웃 증상burnout syndrome과 같습니다. 거룩한 주일
이자 월요일을 코앞에 둔 일요일 아침 일찍 교회에 가 예배
에 참석합니다. 예배 시간에는 방송실에서 봉사를 하는 젊
은 청년들을 종종 볼 수 있습니다. 유치부, 초등부, 중고등
부 교사로 섬기기도 합니다. 이런 경우에는 오전에만 두 번
의 예배를 참석하게 되는데, 모두 개인의 시간이 아니라 예
배의 스텝으로 일하는 경우가 많습니다. 점심 식사를 하는
둥 마는 둥 하면, 청년부 찬양팀 연습에 가야 합니다. 청년
부 예배를 미리 준비하지 않는 청년이라면 점심시간에 초

등부 아이들과 함께 식사를 해야 하기도 하고, 새신자를 맞이하는 일에 자신의 시간을 씁니다. 대예배(어른 예배)의 성가대 대원인 청년들은 예배 앞뒤 한 시간씩 성가대 연습에 참여하고, 오후에 청년 예배를 갑니다. 드디어 오후 청년부 예배 시간이 되었습니다. 오직 청년을 위한 시간입니다. 젊은이 예배라고도 불리는 이 예배 시간이야말로 요즘 젊은이들의 눈높이에 맞춘 예배입니다. 그럼에도 이런 말을 종종 듣습니다.

"오늘은 청년부 예배 좀 쉴게요."

이런 청년들에게 어떻게 답변해 주시겠습니까? 제가 종종 들어 본 말은 이렇습니다.

"아쉬운 소리 하지 마. 젊음이 무기야! 나 때는 말이야…."

신앙생활이 라이프이자 여가 시간이라면 이렇게 힘들어도 되는 건가요? 이것이 전부가 아닙니다. 이만큼 신앙생활을 열심히 하는 신실한 청년이라면, 토요일에도 많은 시간을 교회에서 보내고 있을 것이 분명합니다. 쉼이 있어야 하는데, 잘 쉬지 못하고 번아웃이 오게 되는 것입니다. 그럼에도 "예배를 통해 안식을 얻고 영적 충전을 받아야 한다"며 청년의 때를 교회에서 보내는 것이 복이라고 말합니다. 교회는 영과 육, 성과 속을 분리하는 것이 익숙한데도 불구하고 영혼의 휴식 외에도 육신의 쉼이 필요하다는 사실을 잘 깨닫지 못하는 것 같습니다. 젊음이 무기일 수는 있겠지만, 무적은 아닙니다.

이렇게 교회 안에서 육신의 쉼을 얻지 못하고, 육체노동을 하며 영적 충전을 하는 이들이 많습니다. 그렇다면 신앙생활은 일일까요? 노동이라면 보상이 필요합니다. 그러나 교회를 다니면서 금전적 보상을 받는 일은 흔하지 않습니다. 교회에서 열심히 봉사하는 대학생들의 경우 장학금을 받기도 하지만, 이것을 노동의 대가로 여기기에는 일의 양에 비해 부족한 금액이지 않을까요? 모두에게 일한 만큼 동일한 보상이 주어지는 것도 아닙니다.

놀랍게도 교회 안에서 다람쥐들은 투자의 대상이 되기도 합니다. 다음 세대를 위해 투자해야 한다는 말을 들어 보셨나요? 교회 내 학생과 청년 인구 감소에 따라 교회가 이들을 위해 과감히 투자하지 않으면, 교회의 미래를 보장할 수 없다는 말이 미래 목회 세미나와 교육 모임 등에서 종종 들려옵니다. 단순히 관심을 가지고 다음 세대 육성에 더 힘써야 한다는 의견도 있지만, 실질적으로 교회 재정이 더 투입되어야 한다는 의견도 어렵지 않게 찾아볼 수 있습니다. 그러나 여기서 청년들의 봉사의 가치를 인정해 주고 금전적으로 보상해야 한다는 말은 하기 어렵습니다.

"청년들이 교회에서 봉사한 만큼의 금전적 보상을 해 줘야 합니다!"

편하게 들을 수 있는 말은 아닙니다. 투자의 대상이 맞다고 하기에도, 아니라고 하기에도 참 어색합니다. 청년 다람쥐들의 교회 봉사와 가장 비슷한 개념은 동아리와 동호회 같은 모임의 임원이 아닐까 싶습니다. 동아리에는 총무가 있고, 회계를 담당하는 사람이 있습니다. 모임의 회장, 부회장과 같은 임원도 있습니다. 영리를 목적으로 하지 않는 각종 모임의 경우에도 누군가는 일을 해야 합니다. 이들은 보통 어떤 금전적 보상을 받지 않고 일하기 때문에 서로 맡기 싫어하는 경우가 많습니다. 저 또한 대학교 동아리 임원을 억지로 맡았던 기억이 납니다. 봉사 동아리에서 활동했었는데, 당시 동기들이 군대에 가고 2학년이 되는 사람이 혼자라 임원을 맡게 되었습니다. 억지로 시작하기는 했지만 결과적으로는 참 재미있는 대학 생활의 추억이 되었으니 감사해야 할까요? 교회의 봉사자들도 비슷한 것 같습니다.

"일단 한 번 해 봐. 순종하면 그만한 보상이 있을 거야."

청년들을 임원의 자리, 봉사의 자리로 앉히고 있는 교회의 태도를 돌아보아야 합니다. 물질적 보상이 없더라도 말로 설명할 수 없는 즐거움이 있기에 청년들은 움직이는 것입니다. 교회는 그것을 당연하게 여겨서는 안 됩니다. 신앙생활 자체가 취미 기반의 동아리 활동처럼 여겨지고 있다는 것을 앞서 말했습니다. 어쩌면 교회 안에서 열심히 봉사를 하는 청년들은 현재 동아리의 임원을 맡는 것처럼 교회 일 또한 귀찮고 힘든 일로 여기고 있을지 모릅니다. 이런 젊은 이들에게 "요즘 애들은 계산적이야, 요즘 애들은 착하지 않아"라고 말하기 전에 교회 내 봉사의 가치와 이유를 잘 전달해 줘야 하지 않을까요?

신앙생활은 금전적 보상을 주는 일도 아니고 취미 활동도 아닙니다. 물론 동아리의 임원이랑도 다릅니다. 신앙생활은 고유의 활동입니다. 주로 여가 시간을 활용하고 취미 활동으로 분류할 수 있지만 사실 그것은 걱정스러운 일입니다. 교회 안에서 각자의 은사에 따라 봉사하며 서로를 섬기는 사역은 참 귀한 일입니다. 사도 바울은 하나님이 우리를 사역과 직분에 따라 부르신 이유를 "성도를 온전하게 하여 봉사의 일을 하게 하며 그리스도의 몸을 세우려 하심이라"(엡 4:12)고 가르칩니다. 이처럼 봉사는 개인에게도 선한 일이며, 그리스도의 몸 된 교회를 위한 가치로운 일입니다. 이러한 사실을 청년들에게 잘 전해 주어야 합니다.

교회 안에 청년 다람쥐들이 참 귀합니다. 그러나 청년들의 봉사는 단순한 재능 기부가 아닙니다. 각 교회가 이들의 몸과 마음을 돌아보아, 온전하게 그리스도의 몸을 세워 나가는 공동체가 되기를 기대합니다. 신앙생활은 일도, 여가도 아닌 진정한 하나님 나라를 맛보는 즐거운 잔치가 되어야 하지 않을까요?

삶을 나누는 공동체

우리는 교회 소그룹 모임에서 삶을 나눕니다. "이제 각자의
삶을 나누는 시간을 가집시다." 교회를 오래 다닌 사람들에
게는 익숙한 말입니다. 하지만 이 문화에 익숙하지 않은 사
람들에게 삶을 나누어 달라고 하면, 아마 깜짝 놀랄 것입니
다. 내 삶을 도대체 어떻게 나눌 수 있다는 말이지? 생명을
쪼갠다는 의미인가, 하고 무서워할지도 모릅니다.

교회에서 삶을 나누는 것은 음식을 나눠 먹는 것과 같이
함께한다는 의미이거나, 피를 나누는 것처럼 찐한 사랑의
표현일 수 있습니다. 그보다는 즐거움이나 아픔을 함께 나
눈다는 의미가 더 적합해 보이긴 합니다. 이야기를 주고받
는다고 할 때의 '나눈다'는 표현이 용례상 삶을 나눈다는 의
미와 가장 가까운 것 같기도 합니다. 영어로는 'share'라는

단어를 사용하여 서로의 삶의 내용을 공유한다는 의미로 사용됩니다. 따라서 교회 소그룹 모임에서 사용되는 "이 시간 각자의 삶을 나누어 봅시다"라는 말은 삶을 공유하기 위해 서로의 근황을 이야기해 달라는 의미로 이해하면 되겠습니다.

그러나 삶을 나눈다는 말은 단순히 근황을 공유하는 정도만 의미하는 것이 아닙니다. 그 안에 하나님과의 관계, 회개할 것들 등 영적 내용들이 포함되어 있기에 교회에서 쓰는 이 표현 자체를 고치자고 주장하고 싶지는 않습니다. 문제는 다람쥐들에게 자신의 근황을 공유하고, 더 나아가 신앙 이야기까지 더해야 한다는 것이 부담스러울 수 있다는 것입니다. 이미 교회를 오래 다녀 익숙한 사람도 있고 초신자라도 이러한 나눔의 필요성을 알고 편한 사람이 있겠지만, 아닌 사람도 제법 있다는 점을 기억해 주세요. 요즘 젊은이들은 하나로 규정할 수 없는 저마다의 개성을 가지고 있기 때문입니다. 자기 자신을 드러내는 것에 소극적인 사람들이 늘어나고 있음을 체감합니다.

정신과 치료나 심리 상담에 있어서 환자 혹은 내담자의 자기 개방이 중요하다는 것은 익히 알려진 사실입니다. 자기를 개방하고 의사, 상담자 등 타인에게 이야기를 나누는 것이 정신 관계, 상담 효율성 등에 큰 영향을 끼친다는 것은 연구로도 입증된 사실입니다.[24] 자신을 이해하는 것이 중요하고, 자기에 대해 말하는 것이 중요합니다. 누군가에게 말함을 통해 혼자라는 울타리에서 벗어나며, 동시에 자기 자신을 다시금 돌아보는 시간을 갖기도 합니다.

이런 전문적인 영역을 차치하더라도, 친구나 가족에게 힘든 일, 특히 괴롭히는 사람에 대해 뒷담화를 하면서 억울했던 마음이 누그러지는 경험을 다들 해 보았을 것입니다. 자기를 괴롭힌 당사자에게 성토하지 않고 그와 관련 없는 제삼자에게 말했을 뿐인데도 전보다 마음이 홀가분해집니다. 인간은 이렇게 혼자 살지 않고, 누군가와 대화를 하며 살고 있습니다. 내성적이고 소극적인 다람쥐들도 자기 이야기를 할 친구가 필요하다는 것쯤은 서툴게나마 알고 있을 것입니다. 그런데 교회와 신앙 공동체가 이러한 역할을 잘 해내고 있는지 진지하게 되돌아봐야 합니다.

현장에서의 어려움이 분명히 있습니다. 교회 학교 반별 모임 혹은 공과 모임의 경우, 선생님 혼자 이야기를 주도하다 끝나는 경우가 많습니다. 3명 이상의 소그룹 모임에서 자신의 이야기를 꺼내 놓는 것은 참 불편한 일입니다. 일대일 만남도 크게 다르지 않습니다. 집집마다 심방을 하던 시대는 지났습니다. 집까지 찾아가 맛있는 식사와 함께 이야기를 나누던 예전과는 달리, 집 앞 카페로 찾아가는 것조차 불편해진 요즘이 되었습니다. 지금 청소년, 청년들은 전화 통화를 하는 것도 부담스러워합니다. 준비되지 않은 상태에서 갑자기 울리는 전화기의 진동은 여간 부담스러운 일이 아닐 수 없습니다. 메시지를 주고받는 것이 더 익숙합니다. 메시지는 한숨 돌리고 답변을 할 수 있기 때문입니다. 보내기 전에 수정도 가능하죠.

소그룹 인도법, 대화법, 상담, 코칭 등 전문 분야의 도움이 절실한 요즘입니다. 교회 학교 교사이거나 청년부 소그룹 리더라면 성경에 대한 지식뿐 아니라, 모임을 이끌 수 있는 기술의 훈련도 필요한 현실입니다. 한 손에는 성경을, 다른 손에는 신문을 들라는 한 신학자의 말이 떠오릅니다. 신문을 넘어 알아야 하고 배우고 익혀야 할 것들이 정말 많아졌습니다. 신문 대신 스마트폰 하나로 충분하다는 사실이 그나마 위안거리이려나요.

잘되는 소그룹의 경우, 간혹 이런 일도 발생합니다. 이야기가 깊어질수록, 소소한 삶의 이야기를 나누는 것이 아니라 인상적인 이야기를 해야 한다는 생각들이 강해질 수 있습니다. 그러다 보면 한 주 동안 겪었던 특별한 경험들을 찾아내 다소 과장을 해서 이야기를 포장하게 됩니다. TV 토크쇼에 나온 게스트(초대 손님)가 되어 MSG(조미료)를 첨가해(이야기를 과장하여) 토크 수위가 점점 높아지게 되는 것이죠. 그러다 보면 상사, 가족, 친구 등을 자기도 모르게 비판하고 자신의 치부가 드러날지도 모릅니다. 듣는 사람도 부담되는 이야기가 나오게 되는 것이죠. 건강하게 준비된 공동체라면 괜찮겠지만, 누군가는 정말 부담스럽게 느끼고 있을지도 모릅니다. 게다가 그 자리에 아직 마음을 열지 못한 사람이 있다면? 다음 주부터 얼굴을 마주하는 것이 두려워질 수도 있습니다. 누군가에겐 엄청나게 큰 용기가 필요한 이야기를 반대로 가볍게 뱉는 것을 보게 된다면, 용기가 필요한 이들은 용기를 내기 매우 어려워집니다.

거기에 '낮말은 새가 듣고 밤말은 쥐가 듣는다'고 했었나요? 다람쥐 말은 누가 들을까요? 소문이 빠르게 번져 나가게 되는 경우를 종종 볼 수 있습니다. 가족 단위로 신앙생활을 하는 전통적인 교회일수록 부모님, 할아버지, 할머니,

이모, 고모까지 같은 교회에서 함께 신앙생활을 하기도 합니다. 이런 곳에서는 정말 빠르게 소문이 퍼집니다. 소그룹은 물론 목회자나 리더, 선배와의 일대일 상담 내용도 금방 소문이 나 버린다면, 무슨 일이 벌어질까요? 제 이야기가 쓸데없는 걱정이기를 바랍니다. 교회 안 건강한 소그룹, 신뢰하는 친구, 허물없는 사이가 있다면 얼마나 좋을까요? 코로나 블루로 인해 사람 간 벌어진 심리적 거리감이 회복되고 있는 요즘입니다. 앤데믹으로 가는 길목에서 교회가 해야 할 길을 찾아야 합니다. 마음이 아픈 친구들이 너무 많습니다. 교회가 이 역할을 해야 합니다. 할 일이 많습니다!

교회 안에는 외향적^{Extraversion}인 사람들이 필요합니다. 이들은 쉽게 새로운 사람들에게 다가갈 수 있습니다. 마음을 열지 못하는 친구들을 보며, 크게 상처받지 않고 끝까지 다가가는 멋진 청년, 교사들이 필요합니다. 그러나 교회는 외향인만을 위한 공동체가 아닙니다. 사람을 좋아하고, 낯선 공간에서 낯선 이들과의 대화를 즐기는 사람만 신앙생활을 잘할 수 있는 것이 아닙니다. 인간관계에 있어서 '슬로우 스타터'가 분명히 있습니다. 내향적인^{Introversion} 성격을 가진 그리스도인도 많습니다. 다양성이 존중받으며 저마다의 개성이 드러나고 있는 요즘 시대라면 더더욱 한 가지 길만을 고집할 것이 아니라, 각 사람에게 알맞은 방식으로 다가가야 할 것입니다.

삶을 나눌 수 있는 공동체. 정말 "믿는 사람이 다 함께 있어 모든 물건을 서로 통용하고 또 재산과 소유를 팔아 각 사람의 필요를 따라 나눠 주며 날마다 마음을 같이하여 성전에 모이기를 힘쓰고 집에서 떡을 떼며 기쁨과 순전한 마음으로 음식을 먹고 하나님을 찬미"(행 2:44-47)하는 공동체. 이런 아름다운 공동체를 꿈꿉니다. 우리에게 모델이 되는 초대 교회의 공동체가 이렇게 삶을 나누었을 때, 그 결과가 어떻게 나타났을까요?

"또 온 백성에게 칭송을 받으니 주께서 구원 받는 사람을 날마다 더하게 하시니라"(행 2:47).

초대 교회는 외인들에게도 칭송을 받으며, 누구나 함께하고 싶은 공동체였습니다. "쟤네는 뭐하길래 저렇게 행복해 보일까? 나도 한번 가 볼까?"하고 말이죠. 구원받는 사람이 날마다 더하여질 수밖에 없었겠습니다. 요즘 시대에 맞는 온전한 공동체는 어떤 모습이어야 할까요? 사도 바울은 자신의 편지 끝에 종종 성도 간의 "거룩하게 입맞춤으로 서로 문안"하라고 권면했습니다(롬 16:16; 고전 16:20; 고후 13:11; 살전 5:26). 다람쥐들에게 '거룩한 입맞춤'은 어떻게 가능할까요? 당연하다고 생각하는 것들에 대한 편견을 버리고, 소외된 이웃에 관심을 더하면 진정 삶을 나눌 수 있지 않을까요? 누가 강도 만난 자의 이웃이냐고 말씀하신 예수님의 이야기를 아십니까? 강도 만난 자의 이웃은 자비를 베푼 자입니다. 이 이야기의 끝은 이렇습니다.

"예수께서 이르시되 '가서 너도 이와 같이 하라'"(눅 10:37).

낯설게 하기

기독교에 대한 부정적 이미지가 무엇인지 물으면, 배타성에서 기인한 것이 많습니다. "예수 천당, 불신 지옥"을 외치는 거리의 전도자들과 같이, 다른 길이 없는 기독교의 가르침이 상대방에 대한 배려 없는 모습으로 드러나기도 합니다. 절대 진리 안에서, 오직 예수님을 통한 구원의 길을 믿는 그리스도인들은 복음을 전하거나 가르치는 '방법'에 대해서 조금 더 진지하게 고민할 필요가 있습니다.

"너희는 그 은혜에 의하여 믿음으로 말미암아 구원을 받았으니 이것은 너희에게서 난 것이 아니요 하나님의 선물이라"(엡 2:8).

믿음, 은혜, 구원. 이것은 하나님으로부터 나는 그분의 선물입니다. 그리스도인은 처음부터 그리스도 예수 안에서 만들어진 하나님의 작품입니다(엡 2:10). 그리스도인인 우리는 이 놀라운 진리 아래 살아갑니다. 그러나 지나치게 개인화되고, 취미와 취향이 다양해져 '절대성'을 '절대'로 인정하지 않는 다람쥐들에게는 이러한 말들이 어떻게 들릴까요? 우리 믿음의 고백이 세상을 살아가는 비기독교인들에게는 그들만의 리그로 보일 수 있습니다. 그들은 자신들을 제발 내버려 두라고 외칩니다. 더 나아가 일부 개신교 목회자들의 비윤리적 일탈들을 보며 그들은 이렇게 말할지도 모릅니다.

"어른이 되세요."

청소년 다람쥐에게 왜 예수님이 필요할까요? 청년 다람쥐들은 무엇을 붙잡고 이 세상을 살아갈까요? 어른들의 입장이 아닌 요즘 애들의 입장에서 접근해 봅시다. 청년들이 무엇을 붙잡고 사는지 묻는다면, 그저 '자신답게 살기'를 바라고 있음을 알 수 있습니다. 무게 중심이 필요하고, 나침반과 표지판이 필요한 어른 세대와는 달리 다람쥐들은 정답이 필요하지 않습니다. 자신이 선택한 길을 침해받지 않고 존중받기 원합니다. "잘하고 있다, 멋지다, 괜찮다" 등의 위로가 필요할 뿐입니다.

여러 중독으로 인해 갈피를 잡지 못하는 친구들에게 예수 그리스도라는 답을 제시하면 참 쉬운 것 같은데, 왜 이들은 이 복음을 쉽게 받아들이지 못할까요? 다람쥐들은요. 즐거움에서 삶의 의미를 찾기 때문에 유행을 따르는 것이지, 남의 인생을 원하지는 않습니다. 유행, 시간, 돈, 물질 등 자기 자신이 주인이 되지 못하고, 중독에 빠져 방황하는 젊은 이가 있다면 그들에게 필요한 것은 '자유'입니다. 자신이 무엇인가의 노예가 되고 있음을 아는 사람도 있고, 모르는 사람도 있을 것입니다. 이들이 어떠한 계기로든 잘못되고 있음을 깨닫게 된다면 그 길 끝에서 얻고자 하는 것은 자유입니다. '내가 나답지 못한 채 무언가의 노예로 살았구나. 나는 이제 나답게 살아가고 싶다.' 이것이 요즘 청년 다람쥐들이 원하는 삶이자 그들이 붙잡고 사는 메시지입니다.

그렇기 때문에 '예수 천국'이라는 복음의 메시지가 자유를 갈망하는 이들에게 매력적이지 않은 것입니다. 예수님이 구원자라는 사실을 받아들이는 일은 어렵습니다. 종교 또한 중독으로 이어질 수 있는 위험한 것으로 여기는 젊은이들이 적지 않습니다. 2020년 봄, 코로나 방역 상황에서 신천지와 일부 교회의 대응 방식에 혀를 내두른 이들이 많습니다. 그리고 이들은 신천지와 개신교를 구분하지 않습니다. 교회가 아무리 선을 그어도 관심 없는 사람들은 두 집단을 똑같이 바라볼 것입니다. 정답이 없는 세대에게 정답을 강요할 수는 없습니다. 물론 우리는 믿습니다. 정답이 있습니다. 참 자유는 그리스도 예수를 통해 얻을 수 있습니다.

"이는 그리스도 예수 안에 있는 생명의 성령의 법이 죄와 사망의 법에서 너를 해방하였음이라"(롬 8:2).

예수 안에 있는 생명의 성령의 법을 어떻게 전하고 가르칠 수 있을까요? 제가 만난 한 청년 다람쥐는 교회가 하나님 나라를 전하며 공동체주의를 강조하는 것에 불만을 가지고 있었습니다. 공동체를 강조하다 보니, "절대적으로 개인주의를 배척"하는 것이 아니냐고 따져 묻더군요. 요즘 애들에게 공동체주의를 말해 봤자 아무도 듣지 않을 거랍니다. 이 청년의 다소 거친 표현 속에서 저는 오히려 희망을 보았습니다. 이 청년은 하나님 나라를 오해하고 있었습니다. 이 청년이 거부하는 공동체주의는 개인이 철저히 무시되고, 죽을 수밖에 없는 구조에 놓인 '전체주의'와 비슷했습니다. 그래서 저는 성경 속의 공동체는 결코 개인, 한 사람 한 사람의 가치를 하찮게 여기지 않음을 설명해 주었습니다. 특별한 개인이 모여서 각자의 소명대로, 은사와 역할에 따라 하나님 나라를 만들어 가는 것이 하나님 나라이며 그리스도인들의 공동체라고요. 하나님 나라는 공동체를 강조하지만 동시에 개인을 살립니다.

오해가 있을 수도 있습니다. 그러나 진리를 찾아가는 과정은 정말 아름답습니다. 생각하는 신앙을 가진 그 청년이 참 멋졌습니다. 청년들에게 진리를 강요하는 것이 아니라, 그들이 스스로 진리를 찾아갈 수 있도록 돕는 것은 어떨까요? 스스로 고민하고 진리를 찾는 여정을 걷다가 결국 참 행복을 느낄 수 있으면 얼마나 좋을까요? 의심하고 질문하는 이들을 믿음이 없는 사람으로 치부하고 덮어 버린다고 해서 끝나는 것이 아닙니다. 질문할 수 있는 환경이 필요합니다. 하나님의 선물인 믿음에는 포장지가 중요한 것이 아닙니다. 화려한 겉모습에 공격적인 마케팅을 해도, 물건이

별로면 금방 탄로 날 것입니다. 그러나 좋은 물건은 포장이 엉성해도 그 가치가 떨어지지 않습니다. 믿음, 은혜, 구원은 아무리 감추어도 그 참된 가치가 변하지 않습니다. 아무리 땅속에 감추어져 있어도, 그것을 발견한다면 그 가치를 알 수 있습니다. 천국은 보물과 같습니다(마 13:34). 그 보물을 스스로 찾아가는 과정이 중요합니다.

그런데 한 가지 문제가 있습니다. 스스로 생각하고, 느끼고, 의미를 찾아 하나님을 만나는 이 여정을 시작하려는 사람들이 많지 않다는 것입니다. 세상에는 더 재미있는 일들이 많기 때문입니다. 취미가 다양해지고, 쉽게 자신이 좋아하는 것을 찾을 수 있는 시대에 세상의 문화들과 전면전은 힘들 수밖에 없습니다. 많은 교회가 어린이들의 주말 시간을 확보하기 위해 노력하고 있습니다. 예전에는 달란트 잔치로 충분했습니다. 맛있는 음식을 먹고 재미있는 레크레이션을 하고 좋은 선물을 받으면 그곳이 하늘 나라였습니다. 물질적 이유로 교회를 다니는 사람들을 라이스 크리스천[Rice Christian]이라고 부릅니다. 쌀을 받으러 교회에 간다는 말입니다. 이들을 어떻게 헌신된 그리스도인으로 성장시킬 수 있을지에 관한 고민은 선교학에서도 중요한 주제입니다.

전문적인 이야기는 잠시 접어 두고, 한국 사회를 생각해 보면 이제 포장지로 전도하는 것이 힘들어졌음을 쉽게 알 수 있습니다. 복음의 본질이 아닌 물질적인 것으로, 혹은 재미로 전도하는 것은 힘든 일이죠.

교회 안의 다람쥐들도 마찬가지입니다. 스스로 생각하는 것을 힘들어합니다. 자신의 믿음을 돌아보고, 왜 신앙생활을 하고 있는지를 생각하는 것은 참 힘든 과정입니다. 어려서부터 부모님 손을 잡고 교회에 나오는 것이 그저 당연했기 때문입니다. 이들에게 필요한 것은 세상 재미와 대결하는 신앙생활이 아닙니다. 예수 믿는 기쁨이 어마어마하다는 것, 세상의 놀이와는 비교할 수 없는 무한한 가치가 있다는 것을 누릴 수 있어야 합니다. 그러기엔 바른 인식이 필요합니다. 스스로 생각하는 신앙이 필요합니다. 자신의 것이 되도록 말입니다. 세상과의 재미 대결에 집중하느라 교회가 교회 안의 아이들에게 스스로 생각하는 것을 가로막고 있지는 않았나 돌아보게 됩니다.

'낯설게 하기Defamailarization' 러시아의 문학비평가이자 소설가인 빅토르 쉬클로프스키Viktor Borisovich Shklovsky가 처음 사용한 말로서 익숙한 것, 당연한 것에 주의를 집중하여 그 의미를 다시 생각하는 문학 이론입니다. 문학을 넘어 역사, 철학, 예술 등 다양한 곳에서 이 이론이 사용됩니다. 평범한 소변기를 화장실 밖으로 가져온 마르셀 뒤샹[Marcel Duchamp]의 「샘」이라는 작품이 대표적 예입니다. 낯설게 봐야 하는 것이 참 많습니다. 신앙생활이 그저 당연한 것이라면 스스로 그 의미를 찾도록 낯설게 만들어야 합니다. 교회 안 선배님들도 자신의 신앙생활 방법을 전수하고자 하는 욕심을 내려놓고, 후배들이 '생각하는 신앙'을 통해 자신의 믿음을 발견할 수 있도록 도와줘야 합니다. 하나님의 선물을 자기 스스로 열어 볼 수 있도록요. 어떻게 도울 수 있을까요? 그냥 내버려 두는 것이 도움일지도 모릅니다. 위로와 격려면 충분합니다.

그리고 예수님을 모르는 교회 밖 다람쥐에게는 자신이 무엇의 노예가 되고 있는지 성찰하고, 자신의 삶을 돌아볼 수 있도록 도와야겠지요. 먼저 정답을 제시할 필요는 없습니다. 멋진 캐치프레이즈나 카피라이트가 필요하지 않습니다. 대신 사명자의 삶이 숙제로 남습니다. 세상이 변한다고 해서 진리가 무너지지 않습니다. 사랑과 진리를 보여 주는 삶, 남에게 피해를 주지 않는 전도, 개인의 자유를 인정하고

서로를 사랑하는 선교가 가능하다고 믿습니다. 참 공동체의
가치를 세상이 알게 될 것입니다. 지금은 어려워 보이지만,
오늘을 살아가는 그리스도인의 사명입니다.

불편한 예배

수직적 관계를 거부하는 다람쥐들에게 위로부터의 정답으로 제시되는 복음은 불편한 것임을 앞서 이야기했습니다. 자기 스스로 깨달을 수 있도록 도와야 하는데, 스스로 생각하지 않는 친구들이 많아지고 있습니다. 참 어려운 현실입니다. 어른들이 제시하는 정답을 강요받지 않고, 자기만의 의미를 찾는 데 익숙한 요즘 친구들에게 예배는 어떻게 다가올까요? 예수 믿는 다람쥐에게 1시간가량 이어지는 주일 예배는 어떤 시간일까요? 먼저 다람쥐들의 생각을 이해하기 위해서는 당연시 여겨 온 예배를 낯설게 바라봐야 합니다. 공예배, 대예배, 주일 낮 예배, 오전 예배, 오후 예배, 저녁 예배, 청년 예배, 수요 예배 등 예배 앞에 많은 수식어가 붙습니다. 교회마다 용어가 다르고 예배의 모습도 다릅니다. 세대 간의 예배 통합이 이루어진 교회들도 있겠지만, 대부분의 교회는 참여하는 연령대에 따라 예배를 구분합니다. 대예배, 청년 예배, 청소년부 예배, 주일 학교 예배 등으로요.

10-20대인 다람쥐의 눈으로 봅시다. 이들은 예배를 어떻게 구분할까요? 이들이 예배를 구분하는 큰 기준은 무엇일까요? 자주 사용하는 말에서 힌트를 얻을 수 있습니다. 바로 '어른 예배'입니다. 영유아 시절부터 교회를 다니며, 교육 부서에서 따로 예배하는 것에 익숙한 이들은 자신들의 예배와 어른들의 예배를 분리해서 생각합니다. 우리가 자연스럽게 생각하는 주일 낮 예배 혹은 대예배는 예수 믿는 요즘 애들의 눈에 그저 어른들의 예배로 보입니다. 이것이 성인이 되기 직전까지 이어지니 본당, 대예배실, 대성전에서 드려지는 예배는 큰 예배이자 어른들의 예배이고, 자신들의 예배는 우리 예배, 소예배, 작은 예배일 수밖에 없습니다. 동일한 한 하나님을 예배하는데도 말이죠.

이러한 현상의 잘잘못을 가르고 싶지는 않습니다. 예배는 하나님이 받으시지만 예배하는 성도들의 문화와 생활 양식에 따라 예배의 모습은 다르기 마련이니까요. 그러나 문제는 성인이 되었을 때 종종 발생하곤 합니다. 어른 예배에 가야 되는 나이가 된 것이죠. 자신에게 익숙하지 않은 예배에 참석하게 됩니다. 심지어 주일 낮 예배에 참석하고 교사로서 주일 학교 예배도 드리며 오후에는 청년부 예배까지 드리는 다람쥐들이 있습니다. 어른들에게는 너무 익숙하기에 이제 갓 성인이 된 다람쥐들도 잘 적응할 것이라고 쉽게 생각을 합니다.

"교회 오래 다녔으면 당연히 어른 예배도 잘 참여해야지!"

더 나아가 어린이 예배에 참여한 교사는 어른 예배에도 가야 합니다. 어린이 예배로는 주일 성수가 충분히 안 되는 기이한 상황이 벌어지는 것이죠. 예배에도 등급이 있나요? 대체 어른은 누구이며 언제부터 어른 예배에 가야 하는 것일까요? 스무 살? 아니면, 장년이 되어 한순간에 바뀌는 것일까요? 청년과 장년을 구분하는 기준은 결혼인가요? 이미 예배 안에서도 세대 분리가 있으니 이는 한 번쯤 진지하게 생각해 볼 만한 문제입니다. 이 문제를 해결하기 위해 현장에서 애쓰고 있는 목회자와 사역자 분들을 존경합니다.

청년과 장년 사이, 어른들의 예배에 적응하지 못하는 이들을 위한 예배로 온세대 예배, 젊은이 예배 등의 예배가 진행되기도 합니다. 이런 예배의 명칭으로 종종 찬양 예배가 사용되기도 합니다. 바로 어른들의 예배와 젊은이의 예배 간의 가장 큰 차이가 찬양에 있기 때문입니다. 경배 찬양, 신앙 고백, 성가대 찬양, 봉헌 등 예전 중심^{liturgical}의 예배가 어른들의 낮 예배라면, 찬양 위주의 자유롭고 간결한 예배가 청년들의 예배인 것이죠. 찬양의 형식과 찬양하는 이들의 모습에도 차이가 많이 있습니다. 다름을 어떻게 다뤄야 할까요? 다른 것이 틀린 것은 아닙니다만, 갑자기 '어른 예배'로 등반해야 하는 이들을 위해선 어떻게 해야 할까요? 더 나아가 과연 세대를 통합하는 예배가 가능한가, 아니면 통합해야 하는가, 하는 질문에 대해선 이후에 더 자세히 다루긴 하겠지만, 거의 모든 개신교 예배 안에는 공통점이 있습니다. 바로 설교 중심입니다. 순서가 많은 어른 예배와 찬양 중심의 젊은이 예배, 심지어 어린이 예배 안에서도 중심은 설교입니다. 오늘날 예배의 공통 특징이 바로 '설교'입니다. 이제부터는 예배 중에서도 설교에 관해 이야기를 해 보겠습니다.

종교개혁가들은 하나님의 말씀에 대한 지식이 없던 중세 시대 성도들을 위해 성경을 번역했습니다. 그리고 그들은 교회 안에서 성경을 설명하고 가르쳤습니다. 직설적 비유와 일방적 가르침이 아닌, 모두가 제사장(만인제사장)이 될 수 있도록 풍성한 해석을 했습니다. 이처럼 설교 중심의 예배는 성도들을 잘못된 신앙에서 바른 신앙으로 이끌기 위한 아름다운 종교개혁의 유산입니다. 그 이후에도 2000년 전 성경 말씀을 현대인들에게 잘 적용하기 위해 계속해서 발전해 왔습니다. 성경 해석학과 비평학뿐 아니라, 성도님들의 삶을 이해하기 위해 오늘도 목사님들은 신문을 보고, 공부를 하고, 인문학적 소양을 쌓고 있습니다. 단 한 번의 설교를 위해 일주일 내내 시간을 쏟아붓습니다. 모든 예배가 설교 중심이지만, 설교 내용은 전부 다릅니다. 성경 66권 안에서 동일한 본문을 가지고 회중과 그들이 살아가고 있는 시대에 알맞는 말씀이 선포되고 있습니다.

한 사람만의 말을 귀 기울여 듣는 일은 다람쥐들에게 편안하지 않습니다. 물론 회중이 자신의 신앙을 되돌아보고 생각하도록 하는 좋은 설교들도 많습니다. 하지만 듣는 것을 힘들어하는 다람쥐들에게는 너무나 긴 시간입니다. 말

그대로 가만히 앉아 있기 힘든 시간입니다. 한 청소년 다람쥐가 설교하는 전도사님을 향해 정말 대단하다고 엄지를 내밀었습니다. 그리고 이러한 질문을 합니다.

"도대체 어떻게 40분 넘게 혼자서 떠드실 수 있으세요?"

학교에서도 고전적인 강의식 수업이 줄어들고 학생 참여형 수업이 늘어나고 있습니다. 학생들이 직접 발표하며 수업을 준비하고 진행하는데, 설교는 대체로 설교자의 일방적인 스피치로 이루어집니다. 간혹 토크 콘서트 형식의 대화나 간증 등 새로운 시도들을 하지만, 정례화되어 진행하고 있진 않습니다. 예배 시간에 설교를 짧게 하고, 2부 순서로 이런 행사를 하는 경우가 많습니다. 일단, 설교는 예배 시간에 설교자가 하나님의 말씀을 선포하는 것이기 때문입니다.

반면, 요즘 다람쥐들의 삶이 어떤지 소개해 드리겠습니다. 2시간짜리 영화 한 편 보는 것보다 50분으로 나뉘어 있는 드라마를 보는 것에 익숙합니다. 넷플릭스, 티빙, 웨이브, 디즈니플러스 등 OTT^{over-the-top}(셋톱박스를 넘어선 콘텐츠) 서비스가 인기를 끌며, 영화관보다는 집에서 미디어를 시청하는 비율이 높아졌습니다. 긴 호흡의 영화보다 짧은 호흡으로 끊어 볼 수 있는 시리즈물이 인기를 얻고 있습니다. 그런데 이것도 10-20분 정도 줄거리를 요약해 준 유튜브 영상으로 대체하기도 합니다. 1시간을 넘기는 TV 예능 프로그램은 3-4분 하이라이트로 먼저 보고, 전체 영상을 볼지 안 볼지 결정합니다. 심지어는 릴스, 쇼츠, 틱톡과 같은 영상들을 더 즐겨 봅니다. 이런 영상들의 특징은 1분이 넘지 않을 정도로 짧다는 것이죠. 자기가 보고 싶은 것을 선택하여 보기도 하지만, 짧은 영상이 끝난 후에 새로운 영상을 선택할 때는 유튜브, 페이스북 등 인터넷이 추천해 주는 영상이 자동으로 재생됩니다. 사용자의 선호도를 기반으로 자동으로 추천해 주는 시스템을 '알고리즘algorithm'이라고 하는데, 시청자의 선택보다 점점 이 알고리즘 추천의 영향력이 커지고 있습니다. 그러다 보니 짧은 시간에 눈길을 끌기 위한 자극적이고 재미만 추구하는 영상들이 점점 더 많이 소비되는 현실이죠. 점점 스스로 생각하는 것을 막는 방해물들이 늘어나고 있습니다.

예수님은 회당에서 가르치시며, 병을 고치시는 사역과 더불어 천국 복음을 전파하시는 사역에 힘쓰셨습니다(마

4:23). 초대 교회의 사도들은 다른 일보다 기도와 말씀 사역에 힘썼습니다(행 6:4). 말씀을 선포하는 일은 오늘도 유효하고 중요한 사역입니다. 위대한 설교자이자 설교자들의 스승인 마틴 로이드 존스 목사님은 50년 전, 아무리 시대가 변해도 "대안은 없다. 설교라야만 한다"고 하셨습니다. 그는 예배 시간에 회중 가운데 임하는 성령님의 임재는 독서나 다른 시간을 통해서 대체 불가능하며, 개인의 문제에 답해 주는 상담보다 한자리에서 한 번에 회중에게 선포하는 설교의 우선성을 강조했습니다.[25]

예배에 오락 요소를 늘리자는 말이 아닙니다. 역동적인 요즘 다람쥐들에게 익숙한 분위기의 찬양과 같이 회중이 좋아하는 시간이 늘어나야 한다는 것도 아닙니다. 설교 시간이 길다고 지적하는 것도 아닙니다. 요즘 젊은 친구들에게는 긴 시간일 수 있겠지만, 이것을 먼저 이해해 주고 잘 적응할 수 있도록 도와야 할 것입니다. 회중 가운데는 베테랑도 있지만, 초보자도 있습니다. 어디에 초점을 맞출 것인가는 참 어려운 문제입니다. 거룩한 영적 교제의 시간을 결코 훼손해서는 안 됩니다. 중요한 것은 복음의 메시지가 거룩한 땅에만 머물러 있게 하지 말자는 것입니다. 약한 자들과 함께 눈물을 흘리시고, 천국 복음을 선포하신 예수님의 삶을 우리도 살아야 합니다.

자기 자신에게 특별한 의미를 찾거나 자극적인 재미를 추구하는 시대가 되었습니다. 1시간이 넘는 예배는 젊은 다람쥐들에게 고루할 수 있습니다. 다람쥐들의 마음을 얻기 위해 재미로 승부를 보면 정말 재미없습니다. 다람쥐들은 달콤하거나 아주 맵고 자극적인 것들을 찾아갑니다. 교회는 탕후루와 마라탕을 이길 수 없습니다.

오늘날에도 여전히 사람들이 교회에 나와 찾는 것은 무엇일까요? 세상 재미의 패러디와 오락이 아닙니다. 교회에서만 얻을 수 있는 것을 찾고자 나옵니다. 그러니 교회는 예배로, 목회자는 설교로 승부해야 하지 않을까요? 유튜브는 유명한 목사님의 설교를 누구나 쉽게 찾아 들을 수 있는 세상을 만들었습니다. 예배의 중요성, 설교의 중요성을 강조하지 않아도 요즘 전도사님, 목사님들은 넘쳐 나는 설교와의 경쟁 속에서 살아남기 위해 오늘도 최선을 다하고 계십니다. 매운맛, 달콤한 맛을 억지로 찾지 말고, 진정한 사랑의 맛을 전해 주어야 할 것입니다. 설교 잘하는 법을 전해 드리지 못해 미안합니다만, 작은 응원이 도움이 되기를 바

랍니다. 그리고 한 가지 다람쥐의 삶을 소개해 드리니, 성도
들의 현실에 와닿는 설교를 부탁드립니다. 하늘에만 머물러
있는 말씀이 아닌 이 땅 위에 살아 역사하는 메시지를 다람
쥐들은 기대하고 있습니다.

세대가 하나 되는 예배

예배에 관한 말을 조금 더 이어 가 볼까요? 온 세대가 함께 모여 예배하는 것이 가능할까요? 작은 교회의 경우 어쩔 수 없는 선택이지만, 교회가 성장하는 과정에 있다면 교회는 예배를 점점 세분화합니다. 일단 어른 예배와 어린이 예배로 구분합니다. 어린이 예배는 영아부, 유아부, 유년부, 초등부, 중등부, 고등부, 그리고 시간대에 따라 1부 어린이부, 2부 어린이부 등으로 나뉩니다. 어른 예배는 예배당의 수용 능력에 따라 1부, 2부, 3부, 4부 등으로 나누어집니다. 교회가 성장할수록 인원을 분리하는 것은 좋은 일입니다. 심지어 대형 교회의 분립 개척은 박수를 받을 만한 일이기도 합니다.

또 다른 모습도 있습니다. 교회는 때때로, 특히 특별한 날이 되면 다같이 모이는 행사를 엽니다. 푸르른 봄, 가정의 달을 맞이하여 온세대 통합예배, 다 함께 주일예배, 온가족 예배 등 어린이와 어른이 한자리에 모여 예배를 합니다. 부활절, 추수감사주일, 성탄절 등 절기마다 함께 모이는 경우도 있고, 특별한 뜻이 있는 교회는 한 달에 한 번, 그 이상 모이기도 합니다. 특별새벽 기도회를 자녀와 함께 나오면 목사님의 뜨거운 안수 기도를 받을 수 있는 교회도 있습니다. 날씨 좋은 계절엔 야외 예배와 체육대회를 진행하기도 하고 전교인 수련회를 떠나기도 합니다. 단체 사진 한 장은 아름다운 추억이자, 중요한 교회의 역사 자료로 남습니다. 세대 단절이 심각해진 요즘 세상에 모든 세대가 한 공간에 모인다니, 얼마나 아름다운 모습인가요?

참 좋은 일입니다. 다람쥐들의 시선에서는 어떨까요? 부모님과 함께 예배를 할 수 있다는 즐거움도 있지만, 대부분의 어린이와 청소년 다람쥐들은 어른 예배에 가는 것으로 이해합니다. 대체로 어른들에게 교육 부서와 아이들을 소개하는 시간의 성격을 띠고 있기 때문입니다. 부모님과 함께 예배해서 좋은 시간이기도 하지만, 교회 안에는 부모님과 함께 신앙생활을 하지 않는 아이들도 있습니다. 교회 학교 목회자들에게는 설교가 없는 날이니 좋은 날이기도 합니다. 그런데 참 부담스러운 날이기도 합니다. 찬양팀을 꾸려 '준비 찬양'을 인도하거나 특송, 특별 찬양, 워십 공연을 하는 등 특별한 순서를 준비해야 합니다. 행사 몇 주 전부터 교회 학교 예배 시간을 줄여 연습 시간으로 활용해야 하는 경우도 있습니다. 영상이나 기도 편지를 준비합니다. 10년 전 부교역자에게 가장 중요한 능력이 1종운전면허였다면, 요즘은 영상 편집 기술이랍니다. 평소에 지각하는 아이들에게 이날만큼은 늦으면 안 된다고 신신당부합니다. 예배 시간에도 교사들과 예배 시간에 집중하지 못하는 아이들, 떠들고 장난치는 아이들을 관리해야 합니다. 행사에 동원된다는 느낌을 받는다고 투덜대는 교사가 있다면 그들을 달래는 것도 목회자의 몫입니다.

전부는 아니지만, 이면에는 이런 속상한 일들이 간혹 벌어집니다. 온 세대가 함께하는 것은 정말 아름다운 일이고, 그 일을 위해선 누군가 일을 해야 합니다. 우아한 백조가 물밑에서 발을 열심히 차고 있는 것처럼요. 이것을 어른의 시선에서 당연한 것으로 여기지는 않았으면 좋겠습니다. 어린이, 청소년, 청년을 향한 칭찬과 기도, 그리고 교회 학교 교사와 목회자들에게 격려의 말 한마디부터 시작해 주세요. 세대를 통합하는 예배가 필요할까요? "예, 필요합니다. 참 의미 있는 시간입니다." 세대를 통합하는 예배가 가능할까요? "예, 가능합니다." 통합이라는 단어가 가진 그 뜻 그대로는 어렵지만, 연합하고 공유하고 함께하는 것은 필요합니다. 어려워도 도전해야 하지 않을까요? 여기에 어른들의 예배에 아이들을 소개한다는 틀을 바꿔 보는 것은 어떨까요? 이 내용은 3부에서 더 자세히 다루겠습니다.

10년 전, 미국에 방문했을 때 참석했던 한 교회의 예배를 보고 충격을 받았습니다. 이 교회의 어린이는 매주 어른과 함께 모여서 예배를 합니다. 예배 시작 후 입례, 찬송 등 몇몇 순서를 가진 후 어른들의 축복을 받으며 퇴장합니다. 그 뒤 어린이 예배를 다른 장소에서 이어 가는 것이죠. 저는 그 교회의 목회자나 성도 또는 어린이를 인터뷰하지도 않았고, 이 주제에 관한 전문가도 아니기에 예배학적으로 분석하지도 못합니다. 그러나 새로움이 주는 특별함은 분명했습니다. 이미 비슷한 시도들이 있을 것입니다. 어린이와 어른 모두가 만족할 수 있는 새로운 시도들이 한국 교회 안에도 더욱더 많아지면 좋겠습니다.

함께 모인 날인 만큼 목사님은 어린이들도 이해할 수 있도록 쉽게 말씀을 전해 주십니다. 참 감사한 일입니다. 더 나아가 담임 목사님이 아닌 교회 학교 목회자가 말씀을 전하는 경우도 있고, 어떤 교회는 어린이를 위한 메시지와 어른을 위한 메시지 두 번의 설교를 이어서 진행하기도 합니다. 평소보다 찬양 시간을 늘리기도 하는데, 예배를 준비하는 찬양에 머물지 않고 영과 진리로 예배하고 찬양하는 시간이 되어야 합니다. 찬양을 길게 한다고 청소년, 청년을 위한 시간인 것은 아닙니다. 경배와 찬양이 젊은이 예배의 중요한 요소가 된 지도 30년이 넘었습니다. 10-20대가 태어나기도 전부터 있었던 일입니다. 찬양 시간을 늘리는 것도 중요하지만, 그 주체가 과연 누구인지를 돌아보아야 합니다. 예배는 하나님을 경배하는 시간이며 그 자리에 참여한 모두를 위한 시간이어야 하니까요.

설교 중심의 예배에서 성례전을 강화해야 한다는 예배학자들의 목소리도 있습니다. 성도의 삶이나 시대와 사회의 상황에 맞춰서 변화해야 하는 설교와 달리, 주께서 몸소 행하셨던 성찬식은 시간과 장소와 관계없이 그 자리에 모여 함께하는 사람들에게 거룩한 은혜의 시간을 동일하게 선물해 줍니다. 그러나 세대를 통합하는 예배에서 성찬식은 어렵습니다. 세례의 유무에 따라 성찬식에 참여하지 못하는 현실 때문입니다. 아직은 더 성장해야 하는 어린이에게 성찬의 신비를 간접적으로 보여 주는 것도 의미는 있지만, 참여하지 못하는 아쉬운 마음도 분명 있을 것입니다. 지금까지 살펴보았던 다람쥐라면 충분히 입이 삐쭉 나올 만한 상황입니다. 일부 성공회 등 어떤 교회는 성찬식에 참여하지 못하는 아이들을 앞으로 초대하여, 안수 기도를 해 주기도 합니다. 이렇게 아이들의 시선에서 한 번 더 생각해 주면 어떨까요? 어린 마음은 타이르고 훈계할 필요가 분명 있습니다. 그러나 그들의 마음을 한 번 읽어 주는 것, 이것이 있고 없고의 차이는 큽니다.

앞서 소개한 릴스, 쇼츠, 틱톡 등 짧은 영상들을 즐겨 보는 다람쥐들은 단순히 영상을 보는 것 이상으로 춤을 따라 하거나 스스로 창작하기도 합니다. 또한 영상을 직접 촬영하고 편집하여 온라인상에 업로드를 합니다. 댄스 챌린지라는 이름으로 영상이 많이 올라옵니다. 그동안에는 여행지에 가서 단순히 인증 사진을 남기는 것이 전부였다면, 이제는 여행지를 배경으로 춤을 추는 영상을 찍습니다. 이렇게 직접 기획하고 제작하며 주인공이 되는 일에 익숙한 다람쥐들도 참 많습니다. 누가 시켜서 하는 것이 아닙니다. 예뻐 보이고, 멋져 보이기 위해 과시하는 것도 중요하겠지만, 더 중요한 것은 주인공이 되어 *스스로* 직접 기획하고 참여하는 데서 느끼는 즐거움 자체입니다.

교회 안에서 다람쥐만의 발표회가 아닌 온 가족이 함께하는 축제의 장이 열리길 소망합니다. 청년과 장년 온 세대가 함께하는 무대나 가족 단위의 축하 행사를 여는 등, 좋은 모델이 되는 교회도 많습니다. 지난 몇 년 간 팬데믹으로 함께 모이지 못한 아쉬움이 다 같이 모여 축하하는 축제가 되기도 했습니다. 성탄 축하 발표회도 변하고 있습니다. "우리 때 했으니까 너희도 성극을 해야 해"가 아니라, 진정한 의미를 잃지 않으면서도 요즘 다람쥐들의 스타일로 축제를 즐기도록 해 줘야 하지 않을까요? 행사를 위한 행사가 아닌, 모두가 참여하는 축제의 장이 열리는 교회가 많아지길 기대합니다.

동시에 어린이를 주인공이 될 수 있도록 세워 주어야 합니다. "어린 아이들을 용납하고 내게 오는 것을 금하지 말라"(마 19:14)는 예수님의 말씀을 기억해야 합니다. 아이들이 예수님에게 나아올 수 있도록 도와줍시다. 천국이 이들의 것입니다. 여기서 우리가 주의해야 할 일은 아이들을 부모가, 어른이 주님께 데려가는 것입니다. 예수님께 두 아들을 데려와 주의 나라에서 하나는 주의 우편에, 하나는 주의 좌편에 앉게 해 달라고 간청한 어머니의 마음은 충분히 이해가 갑니다(마 20:20-22). 부모의 입장에서 자녀의 성공은 정말 자랑스럽고 멋진 일입니다. 그러나 예수님은 이 일을 단호히 거절하셨습니다. 그리스도인이 되는 길은 영광의 길이 아닙니다. 낮은 길, 섬김의 길입니다. 이 아름다운 헌신을 강요하기 전에 자신의 진짜 신앙을 가질 수 있도록 도와줘야 하지 않을까요?

신앙의 명문 가문

1885년, 아펜젤러와 언더우드 선교사님이 조선 땅을 밟은 지 140여 년의 시간이 흘렀습니다. 한 세대를 30년으로 잡고 계산해 보면 초기 선교사님들의 사역 이후 그 후손들이 5대, 길게는 6대로 이어지고 있습니다. 실제로 지난 2016년, 호레이스 그랜트 언더우드 선교사의 서거 100주년을 기념하여 연세대학교에서 언더우드 가문을 한국으로 초청했습니다. 당시 한국에서 생활하고 있는 연세대학교 원한석 이사(피터 언더우드, 언더우드 4세)의 손녀딸도 함께했습니다. 언더우드 1대 선교사로부터 6대손이 믿음의 가문을 이어가고 있습니다. 쉽게 말해 언더우드 선교사님 증손자의 손녀딸이 현재 어린아이입니다. 한국 교회 안에도 19세기 후반부터 신앙생활을 한 신앙의 명문 가족이라면, 6대까지 신앙을 이어 가고 있겠죠.

　한국인 중에도 5대 목회자를 배출한 가족이 있어 화제가 된 적이 있습니다. 최초의 중국 선교사로 알려진 박태로 목사님(1870-1918)을 시작으로 그의 조카가 목사님이 되었습니다. 그리고 그 목사님의 아들과 손자도 목사님인데, 2012년 증손자도 목사님이 되었다고 합니다. 5대째 목사 가정이 된 것이죠. 할아버지의 할아버지 때부터 목사님이셨다니, 참 멋진 본보기가 되는 신앙의 명문 가족이 아닐까 싶습니다. 언더우드 선교사님의 가문과 5대째 목사 가족은 특별한 경우이긴 합니다. 오늘날 한국 교회 안에서 3대째 신앙생활을 하는 가족은 어렵지 않게 찾아볼 수 있습니다. 할머니를 모시고 오는 가족이 제법 있습니다. 1970-80년대 기독교가 괄목 성장한 덕에 그때부터 신앙생활을 시작한 분들이 많아 3대 가정이 많은 것 같기도 합니다. 할아버지, 할머니 때부터 교회를 다니다 보니 그분들의 형제들이 한 교회 안에 있는 경우도 있습니다. 이에 오래된 교회라면 사촌, 육촌이 한 교회에 다니기도 합니다. 사돈이 되어 서로 얽혀 있는 경우도 있습니다. 새로 부임한 부교역자라면 교회 안에 친척들, 가계도 공부에 애쓰기도 합니다.

'고마워라 임마누엘 예수만 섬기는 우리집'

한 찬송가의 후렴 구절입니다. 온 가족이 함께 신앙생활하는 것, 그리고 대를 이어 그 신앙이 전수되는 것은 참 복된 일입니다. 신앙은 유산으로 비유되기도 하고, 위에서 언급했듯이 예수 잘 섬기는 가족을 '신앙의 명문 가족' 또는 '믿음의 명문 가문' 등으로 부르기도 합니다. '천국의 로열 패밀리'라고도 하던데요. 로열 패밀리는 천국과 안 어울리는 단어 같습니다.

　'명문가'라는 칭호는 멋진 훈장이기도 하지만, 다람쥐에게는 무거운 짐일 수도 있다는 사실을 아시나요? 모태신앙으로 부모님과 함께 교회를 다니게 되면 주인의식을 갖기가 누군가에겐 편할 수 있습니다. 그러나 부모님과 함께 신앙생활을 한다는 것은 부담스러운 일이 될 때도 많습니다. "나는 신앙의 명문가입니다!"라는 것이 요즘 애들인 다람쥐들에게 진정 기쁨일까요? 자녀와 한 교회에서 함께 신앙생활을 한다는 것은 엄청난 자랑입니다. 자녀가 결혼해서 함께 손주들과 신앙생활을 한다고요? 이만한 기쁨이 어디 있을까요? 그러나 자녀들도 마찬가지일까요? '신앙 금수저'를 자랑할 수 있을까요? 혹시 교회 안에서 부모님들도 자녀의 신앙을 자랑하기보다 자녀가 세상에서 성공하는 일을 자랑하고 계시진 않은가요?

삶을 어떻게 나눌 수 있을지에 관해 앞에서도 언급했지만, 교회 안에 가족 단위로 신앙생활을 하는 경우가 많을수록 삶과 고민을 말하고, 상담을 받고 기도 제목을 공유하는 일이 어려워질 수 있습니다. 상담의 가장 중요한 원칙이 비밀 보장인데, 자신의 부모님을 잘 아는 목사님에게 자신의 비밀을 털어놓기란 매우 주저되는 일입니다. 가족이 함께 교회에 다니는 것이 도움이 될 때도 있지만, 아닐 때도 있습니다. 특히 자녀를 자랑하기 좋아하는 부모님을 둔 자녀일수록 더욱 큰 부담을 지니고 살게 됩니다.

어린 다람쥐들만의 일이 아닙니다. 교회 안에는 여자가 많을까요? 남자가 많을까요? 대부분 여자 성도님들이 많습니다. 3대가 신앙생활을 하는데, 아빠들은 잘 보이지 않습니다. 교회 안에 아버지들이 사라지고 있습니다. 힘든 사회생활로 지친 탓일까요? 아빠가 사회에서 자리를 잡기 위해선 신앙보다 현생이 우선되는 것인가요? 이젠 남자만 일하는 세상이 아닌데도 말이죠. 아니면, 서로 공감하고 위로하며 마음을 나눌 친구가 없어서 그런 것일까요? 현실과 다른 교회 안의 가르침 때문일까요? 특히 교회 친구랑은 술자리를 갖기가 어려워서요? 주초酒草 문제는 현실과 가르침의 격차가 점점 벌어지고 있지만, 어느 것도 과감히 포기할 수 없는 한국 교회의 딜레마입니다.

사도 바울의 제자, 디모데는 어려서부터 외조모 로이스와 어머니 유니게의 기도로 자라, 그 안엔 거짓 없는 믿음이 있었습니다(딤후 1:5). 모태신앙입니다. 그런데 여기서 아버지는 소개되지 않습니다. 이렇듯 본래 신앙은 어머니의 유산인 걸까요? 아버지들이 신앙 교육에서 손을 떼고 자신의 신앙도 흔들리게 내버려 둬서는 안 됩니다. 이젠 남녀 구분 없이 신자가 줄어드는 상황을 걱정해야 할 때가 되었습니다. 초등부에서 중고등부가 될 때 사람들은 떠납니다. 중고등학생이 성인이 될 때 더 많이 떠납니다. 어떻게 해야 할까요?

이미 많은 기성세대 모태신앙인들이 교회를 떠나고 있습니다. 이 현실은 점점 가속화될 것입니다. 어른들도 세상에 더 눈을 돌리는 마당에 다음 세대는 안 그럴 수 있을까요? 계속해서 소개해 드린 다람쥐들의 특징과 문화를 가지고 생각해 보세요. 권위와 전통에 대한 순종보다 본인의 직접적 경험을 더 중시하는 경향을 가지고 있음을 보았습니다. 모태신앙 자녀들에게 교회를 다니고, 신앙생활을 하는 것은 무슨 의미로 다가올까요? 매주 주일 예배에 출석한다고 해서 그 의미가 그냥 새겨지지는 않을 것입니다. 부담만 남는 소속감으로는 충분하지 않습니다. 오래 다녔다고 소속감이 큰 것은 아닙니다. 더 오랜 시간을 함께 보내는 학교 친구가 그들에게 더 의미가 있지 않을까요? 학교 친구와 교회 친구를 구분하는 것 자체도 아쉽긴 한데, 이러한 현실을 때로는 냉정하게 바라볼 필요가 있습니다. 어른들도 교회 안에서 의미를 찾지 못해 방황하는데, 자녀들에게 강요만 할 수 있을까요? 다람쥐들은 자신에게 더 의미 있다고 생각하는 일에 마음을 엽니다. 교육 시스템이 잘 갖춰진 교회라고 안심하기 전에 신앙 교육은 가정에서부터 시작해야 하지 않을까요?

"예수님은 신이에요? 사람이에요?"
"천국과 지옥은 진짜 있나요?"

이와 같은 아이들의 순수한 질문에 반응을 해 주실 수 있나요? 교회 학교 선생님들에게만 맡겨서는 안 됩니다. 집에서는 공부만 잘 시키면 될까요? 아닙니다. 또한 이들에게 교회를 가기 싫어한다고 혼내면 될까요? 답을 전수받기보다 스스로 찾아야 자신의 것이 되는 요즘 애들입니다. 따라서 스스로 생각할 수 있도록 기회를 주어야 하지 않을까요? 누군가 뿌리가 깊은 모태신앙은 교회를 떠나더라도, 삶의 위기의 순간이나 필요한 때에 결국 하나님을 다시 찾게 된다고 말하더군요. 이것이 참이 되기 위해서는 보이는 현상에 집중하기보다 땅속에 믿음의 뿌리를 내리는 일을 도와주어야 합니다. 세상 자랑을 내려놓고 부모님 자신의 신앙을 자랑합시다. 세상 지식을 전하는 만큼 부모 세대의 성경 지식을 전해 줍시다. 거창한 대답을 해 줄 필요는 없습니다. 진솔한 이야기, 곧 엄마와 아빠만의 이야기를 전해 주면 충분합니다. 부모, 기성 세대의 삶이 교과서입니다.

이외에도 신경을 써야 할 일이 참 많습니다. 교회 안에는 모태신앙만 있는 것이 아니죠. 가족 가운데 첫 번째로 예수님을 영접하고 믿고 살아가는 이들이 아직도 많습니다. 특히 부모가 함께 교회를 다니지 않는 아이들이 상처를 받지 않도록 혹시 우리만의 벽을 쌓고 있다면 벽을 허물고, 문을 활짝 열어 줍시다. 구도자, 초신자도 환영받는 공동체를 세워야겠지요. 자신이 하나님 나라 안에서 주인공이 될 수 있도록 말입니다. 전도 대상자를 VIP^{very important person}라고도 합니다. 이들이 진짜 VIP가 되기 위해서는 로열 패밀리의 겸손한 섬김이 필요하지 않을까요? 그가 어떤 직업을 가졌고, 무슨 대학을 다니는지로 그 사람을 판단하면 안 됩니다. 세상에서 잘난 사람인지 아닌지, 신앙생활을 오래 했는지 안 했는지가 중요한 것도 아닙니다. 온 교회가 VIP를 한마음으로 섬겨야 합니다.

교회 담임 목사의 세습은 덕이 안 되는 일입니다. 그러나 할머니 때부터 대를 이어 온 맛집은 줄을 서서 찾아갑니다. 고즈넉한 노포 식당이 주는 감동이 있습니다. 신앙은 세습의 대상이 아닙니다. 신앙은 아름답게 전수되어야 합니다. 신앙은 아름다운 유산입니다. 한 번만 더 다음 세대의 입장에서 생각해 주세요. 신앙을 어떻게 전수할 수 있을지 함께 찾아봅시다. 또한 아직 복음을 모르는 이들에게 복음을 어떻게 전할 수 있을지도 찾아봅시다. 쉐마 이스라엘! 모세는 이스라엘 백성에게 하나님의 말씀을 자녀에게 부지런히 가르치라는 명령을 합니다(신 6:4-7). 오늘 우리도 마찬가지입니다. 무엇을, 어떻게 가르칠 수 있는지에 대한 지혜가 요구되는 요즘입니다.

다음 세대라는 말

세대世代는 사람이 태어나 어른이 되어 아이를 낳는 기간까지의 약 25년을 기준으로 같은 시대에 살아가는 비슷한 연령층을 묶는 말입니다. 표준국어대사전에 따르면 세대의 첫 번째 뜻은 어린아이가 성장하여 부모의 일을 계승할 때까지의 20-30년 정도 되는 기간이고, 두 번째 뜻은 같은 시대에 살면서 공통의 의식을 가지는 비슷한 연령층의 사람 전체입니다. 그러니 이 안에는 공통의 의식을 가진다는 전제가 있는데, 보통은 우리나라 전체로 범위를 정하곤 합니다. 세계화 시대가 되어 젊은층은 전 세계 어디나 비슷하기도 하고, 동시에 같은 세대라고 하더라도 다양성이 특징이라고 할 수 있을 정도로 여러 모습을 갖기에 같은 세대지만 다른 성격을 보이기도 합니다.

세대 앞에는 MZ 세대, X 세대, 기성세대 등의 별칭이 붙습니다. 교회 안에서 젊은 세대를 일컬어 잘 부르는 용어가 있으니, 바로 '다음 세대'입니다. 다음 세대, 곰곰이 생각해 보면 어색한 단어입니다. 다음이라는 말은 기준이 있어야 하는데, 현재 기성세대를 기준으로 밑에 세대를 다음 세대라고 칭합니다. 표준국어대사전은 기성세대를 '현재 사회를 이끌어 가는 나이가 든 세대'라고 정의합니다. 그러니 다음 세대는 30-50대의 부모 세대가 자녀 세대를 부르는 말이라고 이해할 수 있습니다. 그러나 기성세대의 반의어는 다음 세대가 아니라 '신세대'입니다. 젊은이들을 신세대라고 하면 본인들은 구세대가 되기 때문에 잘 사용하지 않는 듯합니다. 다음 세대, 이 단어를 어떻게 생각하시나요?

어른에게 아이들을 소개할 때 다음 세대라고 부르는 것은 자연스러운 일이지만, 다음 세대는 아이들을 주인공으로 여기는 단어라고 볼 수 없습니다. 다음 세대에게 주인의식을 심어 주고, 진정 주인으로 살 수 있도록 권면할 때는 다른 단어가 필요하지 않을까 생각해 봅니다. 한 청년은 "우리가 다음 세대라면, 언제까지 번호표 뽑고 기다려야 하나요? 우리 차례가 오긴 올까요?"라고 묻기도 하더군요. 이런 친구들에게 어떻게 대답해야 할까요? 이른바 '존버'(매우를 뜻하는 비속어와 버티다가 합쳐진 말)하라고만 할 수는 없습니다. 내일이 아닌 오늘, 어린아이도 이미 천국의 주인입니다(마 19:14). 나이가 어리다고 해서 업신여김을 당해선 안 됩니다(딤전 4:12). 이미 통용되고 있는 단어를 전면 교체할 필요까지는 없다고 생각합니다. 그러나 말을 사용할 때 그 의미를 한 번쯤 먼저 헤아리면 어떨까요? 예를 들어 교사 세미나에는 알맞은 단어일 수 있지만 청소년 수련회 제목이나 주제로 사용하기에는 조금 아쉬움이 있습니다.

따라서 "너희는 다음 세대야 미래를 잘 준비해야 돼!"가 아니라, 오늘도 그들이 천국의 주인으로 살아갈 수 있도록 도와주어야 합니다. 세상의 기준에 기성세대는 돈을 벌고, 사회 활동을 하며 사회를 이끌어 가는 세대입니다. 그러나 하나님 나라에서는 어린아이부터 할어버지, 할머니에 이르기까지 모두가 이미 갖춘 기성旣成세대입니다. 세상 기준으로는 교회 안에 다음 세대가 있겠지만, 하나님 나라 안에는 주인공 세대, 다음 세대가 따로 없습니다. 모두가 주인공이 되어 이끌어 갈 수 있도록 도와줘야 하지 않을까요?

이들이 주인공이 되는 공동체와 교회를 세우는 일은 어

려운 일입니다. 그러나 이제부터라도 할 수 있는 것들을 찾아봅시다. 교단 차원에서 유치부, 유초등부, 중고등부, 청년부와 같은 이름을 유아 교회, 어린이 교회, 청소년 교회, 청년 교회로 바꾼 사례도 있습니다. 한 교회의 부설 기관이 아니라, 그들의 모임 자체도 하나의 교회로서 인정해 줘야 한다는 그 취지가 좋았습니다. "교회 안에 또 다른 교회라니?" 처음에는 어색했지만 교단 차원에서 사용하다 보니 금방 익숙해졌습니다.

교회의 주인은 예수님입니다. 교회 공간을 살펴보면, 십자가 앞 강단에 서 있는 설교자가 회중보다 더 큰 지위를 가지고 있는 것처럼 보입니다. 예수님 아래 목회자, 그 아래 성도. 이런 구조 말입니다. 일단 좌석 배치부터 앞만 볼 수 있습니다. 참석자가 앞을 보고 나란히 앉는 자리 배치를 '스쿨식'이라고 부릅니다. 그런데 학교는 모둠별, 그룹별로도 자리를 배치하기도 합니다. 그러나 교회에서 회중은 강대상을 바라보고 앉습니다. 그러면 이러한 자리 배치를 '교회식'이라고 불러야 하지 않을까요? 회중석에 앉은 사람은 강단 위에서 말하는 사람만을 바라보게 됩니다. 학교에서는 그룹별로 대화를 하고 토론을 할 수 있지만, 교회 예배당에서는 어렵습니다. 전통적 구조에서 대화를 한다면, 좌우로만 대화할 수 있습니다. 사회자는 "앞뒤 좌우에 있는 성도님들과 인사합시다"라고 말하지만, 앞뒤 사람은 타이밍을 놓쳐 인사를 못하고 지나치기 일쑤입니다. 이러한 공간이 주는 의미도 한 번쯤 다시 생각해 보면 어떨까요? 연극의 삼요소는 배우, 관객, 희곡입니다. 예배의 삼요소는 무엇일까요? 그중에서도 회중, 예배에 참여한 모든 사람은 관객 이상의 의미를 지닙니다.

오늘날에는 예배 공간도 많이 변하고 있습니다. 대형 교회가 아닌 이상 장의자가 많이 사라지고 의자를 돌릴 수 있도록 하는 곳이 많아졌습니다. 예배 시간이야 '스쿨식'으로 정면을 봐야겠지만, 그 공간을 서로가 대화하고 교제하는 용도로도 사용할 수 있게 된 것입니다. 지나친 현대화는 영육의 안식을 방해하기도 하지만, 이러한 자리의 변화 자체가 시사하는 바가 큽니다. 예배는 아래에서 위를 바라보는 시간입니다. 그러나 교회 공동체는 옆을 살피고, 더 낮은 곳까지 관심을 가지고 다가가야 합니다. 더불어 서로 대화하며 안아 주는 곳이기도 합니다. 카페 교회의 자연스러운 성도 간의 교제에서 커피만큼이나 따뜻함을 느껴 본 적이 있습니다. 그러니 이제 교회 안에서 회중의 이야기를 들어 봅시다. 특별히 어린아이의 이야기에 귀를 기울여 봅시다. 고착되어 딱딱하게 굳어 버린 땅에 균열이 생기고 새로운 희망이 보일지도 모릅니다.

물론 용어나 공간만 중요한 것이 아닙니다. 다음 세대를 사랑하는 마음에서 부르는데, 의도의 순수성을 폄훼해서는 안 됩니다. 어린이 교회라고 부른다고 해서 어린이가 진짜 주인공이 되는 것도 아닙니다. 세대를 분리하는 것이 좋은 것만은 아닙니다. 분위기 좋은 공간에 모여 수다를 떠는데, 그곳에 하나님이 안 계시고 자식 걱정만 하면 무슨 소용이 겠습니까? 빛 좋은 개살구보다 속이 꽉 차고 맛 좋은 열매가 필요합니다. 어떻게 하면 다람쥐들을 하나님 나라의 진짜 주인공으로 세워 줄 수 있을까요?

재미를 느끼지 못하는 어린이에겐 재미를, 의욕이 없는 청소년에겐 목적과 의미를 찾아 줘야 합니다. 어떻게 해야 할지 고민이 되십니까? 여기까지 이 책을 읽으셨다면, 더 이상 고민하지 않으셔도 된다는 것은 어느 정도 공감하실 것입니다. 이들을 주인공으로 세워 줍시다. 다음 세대를 주인공 세대로, 어린이부를 어린이의 교회로! 이름뿐만 아니라 내용까지 바꿔야 할 때입니다. 이제는 다음 세대가 아닌 주인공 세대인 다람쥐들과 함께 고민합시다. 다람쥐들의 목소리에 귀를 기울여 주세요. 이 다람쥐들은 간혹 상식적으로 이해가 되지 않아도 마음에 들면 기꺼이 그것에 헌신합니다. 가심비가 어디에 사용되는지, 그들의 마음이 어디에서 열리는지 알아봅시다. 자세한 방법은 다음 장에서 제안해 보고자 합니다.

갓생 살기 프로젝트

어떻게 귀를 기울일 수 있을까요? 다람쥐를 하나님 나라 공동체 안에서 주인공으로 세우기 위해 무엇을 해야 할까요? 조심스럽게 한 가지 제언을 하고자 합니다.

"귀를 기울여 의미를 찾아 줍시다."

다람쥐들은 다양합니다. 그리고 자신의 마음이 움직이지 않으면 영혼 없는 몸부림에 결국 지치고 맙니다. 그러니 이제는 일방적인 전달, 지식의 전수가 아니라 대화가 필요한 때입니다. 요즘 시대에 알맞는 옷이라고는 이야기했지만, 이것은 아주 오래된 방법입니다. 고대의 지혜는 대화의 형식으로 전해지곤 했습니다. 소크라테스의 『대화편』, 공자와 제자들의 대화를 담은 『논어』 등 동서양을 막론하고 여러 고전이 대화로 기록되어 있습니다. 일방적 가르침이 아니라, 예로부터 사람들은 재미있는 이야기와 스승과 제자의 대화로 지혜를 가르쳐 왔던 것입니다.

대화는 끊이지 않습니다. 오늘날 챗GPT를 위시한 인공지능 플랫폼들도 대화 모델로 제작되었습니다. 기계를 가장 잘 다루기 쉬운 방법이 대화인 셈이죠. 그런데 우리 사회 안에, 우리의 교회 안에는 사람들 사이의 대화가 잘 이어지고 있는지 의문입니다. 예수님도 제자들과 대화를 통해 그들을 가르치셨습니다. 사마리아 여인과의 대화가 대표적입니다. 예수님은 사마리아 여인의 상황과 마음을 공감하시고 그녀를 더 나은 길을 인도하셨습니다. 사마리아 여인은 예수님과의 긴 대화 끝에 자신의 동네로 돌아가 메시아를 만났음을 당당하게 전합니다. 그녀가 인간 예수님을 구원자 그리스도로 믿었던 힘은 어디에서 나왔을까요? 그녀가 동네로 돌아가 전한 메시지를 보면 알 수 있습니다. 그녀는 예수님이 자신을 알았다고 말합니다.

"내가 한 일을 모두 알아맞히신 분이 계십니다. 와서 보십시오.

그분이 그리스도가 아닐까요?"(요 4:29, 새번역)

이 사랑의 앎이 사마리아 여인의 마음 깊숙한 곳에 전해진 것은 예수님과의 대화가 있었기에 가능했던 것입니다. 다람쥐들도 마찬가지입니다. 깊이 있는 이야기를 나누고 공감할 때 비로소 자신의 믿음을 찾고 자기 인생의 주인공으로 성장할 수 있게 될 것입니다. 단순한 성경 지식 전수에서 성경 말씀을 통한 나눔의 시간으로 방향 전환을 해 보면 어떨까요?

성경 공부는 오래되어 낡고 지루한 것이 되어 버렸습니다. 반별 공과 공부를 기다리는 교회 학교 학생은 찾아보기 힘듭니다. 이건 옛날이나 지금이나 비슷한 것 같습니다. 그런데 점점 말씀에서 멀어져 가고 있음을 느낍니다. 교회 현장에서 사역하는 전도사님, 목사님들의 이야기를 들어 보면 학생들이 성경을 정말 몰라서 깜짝깜짝 놀랄 때가 많다고 합니다. 예전에는 아브라함, 이삭, 야곱, 요셉만큼은 교인이라면 알고 있었습니다. 새해가 되면 성경 일독을 목표로 하고 성경을 읽기 시작하여 레위기에서 포기하는 경우가 많기 때문이었죠. 그런데 요즘은 이마저도 모르는 아이들이 많다고 걱정합니다.

이런 가벼운 교육을 거쳐 온 20대 다람쥐들의 삶도 마찬가지입니다. 어려서부터 성경 공부를 지루한 것으로 여기다 보니 성경 공부, 제자 훈련, 양육보다는 예배 후 삶을 나누는 가벼운 모임으로 끝나는 경우가 많습니다. 이마저도 요즘 젊은이들에게는 불편한 것일 수 있다는 것은 이미 앞에서 살펴보았죠. 왜 이렇게 되었을까요? 말씀의 힘이 부족해서 이렇게 된 것일까요? 결코 그렇지 않습니다. 그래도 희망적인 사실은 교회 안에 여전히 새로운 신자들이 있고, 연구 결과 신앙생활에 가장 큰 도움을 주는 일 1위가 성경 공부라는 것이었습니다.[26] 그야말로 '공부'가 신앙생활에 도움이 된다는 것입니다. 오래된 신자에게는 낯설고 어색한 상황이지만 새로운 신자들에게는 꼭 필요한 일입니다. 성경 공부 자체를 거부감을 가지고, 새로운 것, 재미있는 것, 아이들이 좋아하는 것을 찾기보다 어떻게 하면 효과적으로 성경 공부를 하고, 말씀을 묵상하고 그 힘으로 살아가도록 도와줄 수 있을지를 고민해야 할 때입니다. 학생들이 입을 열지 않나요? 선생님만 떠들고 있지는 않나요? 입을 열지 않는다면, 이들이 왜 입을 열지 않는지 정말 작은 음성에 귀를 기울여야 하지 않을까요?

이제는 말씀을 떠먹여 주려고 하기보다 스스로 말씀을 읽고 그 의미를 스스로 소화할 수 있도록 도와줘야 합니다. 요즘 애들은 책을 안 본다고요? 출판계에서 20대 여성 독자들의 파워가 굉장히 큰 영향력을 끼치고 있다고 합니다. 젊은이들의 많은 취미 생활 가운데 독서 모임이 중요한 자리를 차지하고 있습니다. 독서 모임, 북클럽, 독서 크루 등 인터넷에는 여러 책 모임들이 여전히 자리 잡고 있습니다. 자신에게 의미가 있으면 찾아옵니다. 그리고 이들은 입을 엽니다.

욜로YOLO, You Only Live Once라는 말을 들어 보셨나요? '인생은 한 번 뿐이다.' '한 번 뿐인 인생 후회 없이 즐기자.' 이런 의미를 담고 살아가는 것이죠. 아마 많이 들어 보셨을 것입니다. 익숙하게 사용되고 있습니다. 그런데 이 말을 많이 들어 보셨기에 그만큼 이 말은 옛날 말이 되었습니다. 젊은이들이 한 번 사는 인생, 어떻게 가치 있게 살아갈 수 있을까를 고민하기 시작한 것입니다. 이러한 자신들의 인생을 '갓생'이라 칭하고, 갓생 살기 프로젝트에 참여하는 젊은이들이 많아지고 있습니다.

갓생은 '갓^{god}'과 '인생'을 합친 말입니다. 갓성비라는 말을 소개했을 때 언급했던 것처럼, 단어의 첫글자를 갓^{god}으로 바꿔서 부르면 정말 좋은 것이 됩니다. 갓생은 무의미한 덕질(자신이 좋아하는 것에 시간과 돈을 쓰는 것)을 멈추고, 현생으로 돌아가자는 말입니다. 가치로운 삶, 그야말로 좋은 삶, 생산적인 삶을 살아가고자 스스로를 다짐합니다. 이것을 갓생 프로젝트라고도 하죠. 소소한 성취감을 얻기 위해 열심히 살아 보고, 같은 가치를 가진 사람들과 각자의 성취를 나누며 서로 격려하는 모임을 갖기도 합니다.

또 이것이 다람쥐들의 자랑 문화와 어우러져서 나름 SNS를 통해 과시(플렉스)하기도 하고 남들에게 알리기도 합니다. 책을 읽은 뒤 독서 인증을 한다거나, 아침 시간을 소중하게 사용한 후 '미라클 모닝 인증' 등 여러 갓생 프로젝트 인증 문화가 유행하고 있습니다. 가치 있는 삶이 습관(루틴)이 되도록 도와주는 루틴 챌린지, 달리기 기록을 관리하고 공유하는 어플, 공부 시간 기록 어플 등 '갓생 어플'들도 한 몫을 하고 있습니다. 이러한 유행은 다람쥐들이 자신들에게 맞는 방식으로 서로 대화하고 자연스럽게 발전한다는 뜻이기도 합니다. 또한 유료 서비스도 많아지고 있습니다. 가성비보다 투자할 만한 것엔 과감히 투자하는 요즘 다람쥐들의 가치가 반영되고 있는 것 같기도 합니다. 수단과 목적이 잘 어우러지면 좋겠습니다. 자신을 남에게 보여 주면서도 자기 삶의 질을 높이는 길이 될 수 있기 때문이죠.

'욜로에서 갓생으로'

이것은 무엇을 의미할까요? 모두가 갓생을 외치고 있는 것은 아니지만, 그래도 다람쥐들도 가치 있는 삶을 추구하고 있다는 것입니다. 그리고 열심히 살아가는 자신을 자랑하죠. 혼자 알기에는 참을 수 없어서 자랑합니다. 자랑은 다람쥐의 소통 방식이자 대화입니다. 따라서 자신에게 의미가 있다면 얼마든지 자랑할 수 있지 않을까요? 예수님이 요즘 애들의 삶에서 그만큼 가치가 있다면 그야말로 갓생 아니겠습니까? 신앙생활 루틴 챌린지를 기대해도 되지 않을까요? 말씀 묵상 루틴 클럽이 이곳저곳에서 많이 생겨나면 좋겠습니다.

다람쥐에게 진짜 갓(God, 하나님)의 의미를 찾아 줄 방법은 없을까요? 생각하는 것이 힘든 세대이지만, 동시에 자기가 주인이 되어야 하고, 의미를 찾아야 하는 세대입니다. 그러니 스스로 말씀을 읽고 생각할 수 있는 기회를 줍시다. 예수님의 의심 많은 제자, 도마는 부활하신 예수님의 소식을 듣고, "내가 그의 손의 못 자국을 보며 내 손가락을 그 못 자국에 넣으며 내 손을 그 옆구리에 넣어 보지 않고는 믿지 아니하겠노라"(요 20:25)고 말했습니다. 여드레 후 예수님은 도마에게 손가락을 자신의 손과 옆구리에 넣어 볼 것을 요청하십니다. 그러자 도마는 "나의 주님이시요 나의 하나님이시니이다"(요 20:28)라고 고백합니다. 이렇게 의심 많던 도마는 부활하신 예수님을 만나고, 예수님을 하나님으로 찬양하는 위대한 신앙 고백의 사도가 되었습니다.

이렇게 직접 예수님을 만나고 그 의미를 찾게 된다면 이들은 비로소 예수님을 그리스도로, 자신의 주인으로 모시게 될 것입니다. 다람쥐들이 스스로 그 의미를 찾는다면 이들은 자랑하고, 서로 대화할 것입니다. 그러니 이제 이들의 목소리에 귀를 기울여 줍시다. 이들에게 알맞는 방법의 대화가 필요합니다. 성경 공부를 할 때도 일방적 가르침이 아닌 그들의 삶에 귀를 기울여 주어야 합니다. 스스로 생각할 수 있고 말할 수 있도록 도와줘야 합니다. 성경 공부가 지겹다면, 왜 지겨운지 그들이 어떻게 하면 즐겁게 참여할 수 있을지를 우리가 아니라, 다람쥐들의 목소리를 통해 찾아가야 합니다. 새로운 신자들에게 유효한 말씀의 힘이 교회에 오래 다녔지만 신앙의 의미를 찾지 못한 이들에게도 여전히 유효할 것이라고 믿습니다. "어? 나 말씀 묵상 좋아하네!"라는 외침이 늘어나길 기대합니다. 진정한 갓생을 묻는 이에게 예수님은 찾아가 주실 것입니다.

의미를 찾으면 가상의 것들에도 충성하는데 하물며 살아 있는 진리의 말씀이 세상 문화에 패하겠습니까? 자극적인 영상 세대 가운데 빈틈은 있습니다. 작은 틈에 균열이 일어나 땅은 점점 흔들릴 것입니다. 놀라운 예수 혁명이 이 땅 가운데 일어날 것입니다. 우리는 종종 세상 문화와 싸운다고 말합니다. 이 싸움에서 이길 수 있는 가장 큰 힘은 칼로 적을 무찌르는 것이 아닙니다. 세상 문화가 타락했다고 말하며 그것을 정화시키는 것보다 더 확실한 방법이 있습니다. 바로 고상한 하늘의 가치를 깨닫고 예수 믿는 즐거움을 누리는 것이죠. 이곳에서 하나님 나라를 살 때 이전 것을 배설물로 여길 수 있게 되는 것입니다(빌 3:8).

솔직히 이러한 바울의 고백이 조금은 부담스럽습니다.

그만큼 더럽지 않고, 좋은 문화도 많이 있습니다. 그리스도 예수 안에서 즐길 수는 없을까요? 만물이 예수님 아래 있으니 세상 것을 두려워하지 않고 예수님으로 충분히 이겨 낼 수 있습니다.

"만물이 그에게서 창조되되 하늘과 땅에서 보이는 것들과 보이지 않는 것들과 혹은 왕권들이나 주권들이나 통치자들이나 권세들이나 만물이 다 그로 말미암고 그를 위하여 창조되었고 또한 그가 만물보다 먼저 계시고 만물이 그 안에 함께 섰느니라"(골 1:16-17).

다람쥐들에 관한 대화

아래 질문들을 전부 나누지 않아도 좋습니다. 모임 구성원에 알맞은 질문을 선택하여 충분한 대화를 나누어 주세요.

❤ 여러분의 교회 안에서 봉사 및 사역은 언제나 기쁨을 줍니까? 보람을 느꼈던 경험과 힘들었던 경험을 이야기해 봅시다.

❤ 여러분은 삶을 나누는 일에 익숙하십니까? 소극적인 다람쥐와 소그룹 모임을 진행했던 경험을 이야기해 봅시다.

❤ 다람쥐들에게 천국이 먼 이야기라는 것에 동의가 되시나요? 삶이 힘든 다람쥐들에게 복음은 어떻게 위로가 될 수 있는지 생각해 봅시다. 여러분의 역할은 무엇일까요?

❤ 교회 안에서 세대를 구분하지 않고, 온 세대가 함께할 수 있는 방법을 생각해 봅시다. 특별히 가족 없이 혼자 신앙생활을 하는 다람쥐들에게 어떻게 가족이 되어 줄 수 있을까요?

❤ 여러분이 생각하는 갓생은 무엇인지 말해 봅시다. 다람쥐를 비롯한 우리 이웃의 소리에 귀를 기울이기 위해서는 어떻게 해야 할까요?

3부

함께

하나님 나라의 주인공

"평범하게 살고 싶어요."

중고등학생 다람쥐에게 꿈을 물어보면 제법 많이 듣게 되는 대답입니다. 보다 구체적인 꿈을 가진 이들 대부분도 건물주가 되고 싶다고 이야기합니다. 적지 않은 다람쥐들이 보통 사람이 되는 것을 꿈꾸거나, 하늘 나라의 비전이 아닌 돈이라는 맘몬의 가치를 주로 좇는 것 같습니다. 예전에는 다람쥐들을 보며 그리스도인으로서 우리가 해야 할 일이 얼마나 많은데, 하며 걱정을 하거나 어떻게든 그들에게 큰 꿈을 심어 주고 싶은 초조함과 강박을 갖기도 했습니다. 도대체 이런 다람쥐들이 어떻게 하나님 나라의 다음 세대 일꾼이 되고, 더 나아가서는 하나님 나라의 주인이 될 수 있을까 하는 염려가 컸습니다.

요즘은 새로운 생각을 합니다. 다람쥐의 말을 제대로 이해하지 못했던 것 같습니다. 평범하게 살고 싶다는 말을 그저 주체성을 갖지 못한 나약한 말이라고 오해했습니다. 세상의 가치, 돈의 가치를 좇아 자기 삶의 방향키를 잃어버린 것처럼 생각하고 걱정만 했습니다. 여러분도 이렇게 생각하셨나요? 평범하게 살고 싶다는 다람쥐의 말이 불편하다면 이미 꼰머가 된 것은 아닌가 스스로를 되돌아보시길 바랍니다('꼰머'는 꼰대와 비슷한 모양, 같은 의미, 그러나 조금은 더 부드럽거나 귀여운 뉘앙스를 가진 다람쥐 말입니다).

다람쥐들은 누구보다 자기 자신이 주인이 되고 싶은 것뿐입니다. 그들은 자기 자신이 주인이 되고 진정한 자유를 갈망합니다. 이런 생각이 어른들의 생각과는 조금 다른 부분입니다. 다람쥐들은 소소한 꿈을 꾸고 있습니다. 잘 나가고 싶은 것이 아니라, 자신을 얽매고 있는 것들에서 해방을 누리고 싶을 뿐입니다. 물속에 빠진 사람은 일단 물 밖으로 나가고자 합니다. 일단 살아남는 것이 목표인 사람들이 뭍에서의 삶을 상상하기란 어려운 일입니다. 숨을 쉬지 못하도록 방해하는 것이 돈입니다. 그렇기에 건물주가 되어 돈을 신경 쓰지 않는 삶을 소망하는 것이죠. 건물주야말로 돈 걱정 안 하고 살아가는 이 아니겠습니까? 경제 위기 속에 늘어나는 빈 상가를 보면 이들도 조물주가 아닌 인간에 지나지 않음을 알 수 있지만 말입니다. 이렇듯 평범하게 살아가고 싶은 것은 물질만능주의와 개인주의의 영향일 수 있습니다. 그러나 단순히 지레짐작하여 잘못되었다고 버럭 훈계해서는 안 됩니다. 다람쥐들의 평범한 삶 추구는 영향을 끼치는 것도, 영향을 받는 것도 불편하니 그저 나답게 살도록 그냥 내버려 달라는 외침에 가깝기 때문이죠.

물론 이들은 이 세상을 혼자만 사는 것이 아니라, 다른 사람들과 함께 살고 있다는 것도 알고 있습니다. 계속 살폈듯이 그저 남에게 피해만 주지 않으려 할 뿐입니다. 남에게 피해를 주지 않으려고, 그저 평평한 삶이면 만족하겠다고 말하는 것입니다. 강조점은 만족이 아니라 현실의 불안에 있습니다. 그들은 평평한 삶을 사는 것 자체가 힘든 일이라는 두려움 속에서 살고 있습니다. 쳇바퀴 속 다람쥐의 삶이 그렇습니다. 이는 바벨의 욕망이 아닙니다. 에서, 사울 등 자신의 목숨을 노리는 자들로부터 도망하는 야곱과 다윗을 더 닮았습니다. 이러한 현실 속에서 자유를 갈망하며 외치는 이들이 과도한 불안과 걱정 속에서 벗어났으면 좋겠습니다. 그렇게 되면 자기뿐만 아니라, 이웃을 조금 더 넉넉하게 바라볼 수 있는 포근한 마음이 자라나지 않을까요? 야곱은 이스라엘이 되고 다윗은 그 이스라엘의 왕이 됩니다.

어쩌면 이들에게 새로운 꿈을 심어 주는 것도 폭력이 아닐까 하는 염려가 생깁니다. 인간으로 태어나 인간답게 살면 그만인데, 어른들의 기대와 요구가 부담으로 느껴질 수 있습니다. 꿈을 심어 주기 위한 선의의 행동이 다람쥐들의 자주성을 잃게 만드는 소위 '가스라이팅'이 되어선 안 됩니다.

나 하나만 잘 살기도 벅찬 사회입니다. 거기에 책임을 지기 싫어하는 사회입니다. 이들의 마음을 이해, 아니 인정합니다. 이 땅에서 자기 자신만큼은 자기 인생의 주인공이 되고자 하는 다람쥐들이 더 나아가 하늘 나라의 기쁨을 누리며 살도록 응원하고 싶습니다. 이들이 어떻게 자기 인생뿐 아니라, 하나님 나라 안에서도 주인으로 살아갈 수 있을까요? 예수님은 인간 세상의 문제를 해결할 방법을 알려 주시기 위해 이 땅에 오셨습니다. 그것도 신이 스스로 인간이 되어 참 인간의 삶을 사셨습니다. 말도 안 되는 겸손과 자기 비움이 일어났습니다. 그렇게 스스로 본이 되셨습니다. 돈에서의 자유는 물론이요, 낙타가 바늘귀로 들어가는 것보다 어렵기는 하지만 부자도 하나님의 나라에 들어갈 수 있다는 사실을 알려 주셨습니다(눅 18:25-27). 심지어 예수님은 하나님의 사랑을 통해 유한한 인간의 죽음이라는 문제까지도 해결해 주셨습니다. 생명의 자유를 십자가의 죽음과 부활을 통해 우리 인간에게 선물로 주셨습니다. 이 선물로 인해 유한한 인간은 사랑과 책임 안에서 무한한 자유로 살아갈 수 있게 되었습니다.

예수님이 부활의 승리를 취하시기 전, 죽은 자를 살리시며 자신의 사명을 먼저 보여 주셨습니다. 나사로를 살리신 사건이 대표적입니다. 예수님은 죽은 지 나흘이나 된 나사로의 집을 방문하시고, 자신을 영접하는 나사로의 동생 마르다와 대화하십니다. "나는 부활이요 생명이니 나를 믿는 자는 죽어도 살겠고 무릇 살아서 나를 믿는 자는 영원히 죽지 아니하리니 이것을 네가 믿느냐"(요 11:25-26)는 물음이 이 이야기의 백미입니다. 우리가 신앙하는 것에 관한 많은 답이 요한복음 11장에 기록되어 있습니다.

나사로가 부활하는 사건은 단순히 활자 안 교리적 가르

침을 넘어, 그 자체로 정말 아름답고 놀라운 장면입니다. 장차 우리가 누릴 부활의 예고편과 같습니다. 나사로가 살아나는 이 장면을 상상하며 주목해 봅시다. 예수님은 무덤을 바라보시며 나사로를 향해 그곳에서 나오라고 외치십니다. 그러자 죽었던 사람이 걸어 나옵니다. 그것도 시체를 처리한 모습 그대로요. 손발은 천으로 감겨 있었고, 얼굴은 수건으로 싸매여 있었습니다(요 11:44). 말씀의 적극적인 묘사로 생동감이 느껴지는 대목입니다. 그를 본 예수님은 이렇게 말씀하셨죠.

"풀어 놓아 다니게 하라"(요 11:44).

여기서 다람쥐들을 하나님 나라의 주인공으로 세우는 방법을 배웁니다. 죽은 나사로를 살리신 이는 예수님입니다. 그리고 남아 있는 문제, 곧 손과 발을 묶고 있는 천과 수건을 풀어 줄 사람들은 바로 가족과 친구들입니다. "다니게 하라, 가게 하여라(새번역), Let him go!(NIV)" 이것 또한 가족과 친구들의 사명입니다. 그리고 자유를 얻은 이는 스스로 걸어갑니다. 예수님은 살리시고, 나사로는 자유로 나아갑니다. 이 사이의 제3자가 해야 할 일이 있습니다. 풀어 주고, 스스로 길을 떠나도록 돕는 것이죠. 다람쥐의 가족과 친구, 선배와 선생들이 해야 할 일은 풀어 주고 길을 가게 하는 것입니다. 앞서 다음 세대를 낯설게 바라볼 것을 요청했습니다. 이를 위해 다음 세대를 익숙하고 당연하게 여기지 말고 다람쥐로 바라보는 연습이 필요합니다. 이것은 나사로의 이웃들의 과제였습니다.

"Let them go!"

한 가지 심화 학습을 제안드려도 될까요? 낯설게 하기 레벨 2입니다. 낯설게 보는 것에는 반드시 위험이 따라옵니다. 레벨 2를 모르면 실수할 수 있습니다. 낯선 사람에게 취하는 태도는 크게 두 모습으로 나누어집니다. 첫 번째, 타자를 그저 타자 그 자체로 받아들이는 것입니다. 나와 다른 이들을 보호해야 하고 두 팔 벌려 환영해야 하는 손님으로 보아야 합니다. 평범한 그들의 일상을 그저 받아들여야 합니다. 낯설게 하는 것은 내가 아닌 이웃들의 평범한 일상의 이야기를 듣는 것으로 충분합니다. 다양한 목소리를 인정해야 합니다. 나의 소리를 줄이고, 상대방의 볼륨을 높이는 것입니다. 그런데 이 태도를 취하는 것은 사실 쉬운 일이 아닙니다.

낯선 사람에게 취하는 두 번째 태도는 우리에게 더욱 익숙한 방법입니다. 타자를 나와 다른 이로 배제하는 것이죠. 낯선 이들을 우리는 함부로 대하기 쉽습니다. 그래서 낯설게 바라보는 것이 상대를 평가하고 재단하는 하나의 폭력의 도구로 전락해 버립니다. 러시아의 문학 이론가인 미하일 바흐친Mikhail Bakhtin은 앞서 소개한 쉬클로프스키의 '낯설게 하기'가 '생리학적 쾌락주의'를 제공해 줄 뿐이라고 비판했습니다.[27] 쉽게 설명하자면 사물의 새로운 기능 혹은 면모를 발견하고 즐기는 유희에 지나지 않다는 것이죠.

창세기에서 이러한 '쾌락'을 찾아볼 수 있습니다. 창세기의 소돔 사람들은 소돔에 방문한 나그네를 애타게 찾습니다. 그런데 이 주님의 천사들을 찾는 이유는 사랑이 아닙니다. 주님의 천사들인 나그네를 유희의 대상으로 바라보고 폭력으로 응대합니다. 소돔의 더러움을 알고 낯선 이를 맞이하고 지켜 주었던 롯과는 달리, 소돔의 남성들은 나그네를 괴롭히기로 작정합니다. 이 남성들은 롯에게 오늘 밤 찾아온 낯선 이들이 어디 있냐며 이끌어 내라고 소리칩니다.

"(그들은 우리랑 상관없는 사람이니까) 우리가 그들을 상관하리라"(창 19:5).

오늘날 사람들의 본성도 어쩌면 소돔의 남성들과 크게 다르지 않은 것 같기도 합니다. 오늘도 우리는 낯신 이를 함부로 판단하고 배제하며 심지어 혐오하기도 합니다. 건강한 호기심이 아닌 폭력적인 판단을 합니다. 피아 식별을 하고, 우리와 다르면 선을 긋습니다. 그리고 혐오의 벽을 쌓아 올리죠. 오랜 인류의 역사가 이를 증명합니다. 낯설게 하기는 차별화의 도구가 되어서는 안 됩니다.

다람쥐들을 낯설게 봅시다. 그러나 낯설게 보는 것이 낯선 이를 향한 폭력으로 이어져서는 안 됩니다. 여기에는 사랑이 필요합니다. 먼 옛날 소돔 사람들과 배제와 혐오를 양산하는 사람들에게 공통적으로 결여되어 있는 것은 바로 사랑입니다. 사랑이 필요합니다. 인간 본성 안에 있는 사랑이 아닌 숭고하고 신비로운 사랑입니다. 이 사랑이 없으면 낯설게 하기도 의미가 없습니다. 사랑이 없는 자유는 방임에 불과하고, 그저 무관심일 뿐입니다. 사랑이 있기에 낯설지 않은 대상이 되고, 사랑하기에 낯익은 대상을 낯설게 바라볼 수 있는 것입니다.

인간의 본능 안에 있는 사랑은 유한합니다. 유한한 사랑은 세상의 자유를 보장하지 않습니다. 이 사랑은 부작용이 있습니다. 사랑은 종종 지치게 만듭니다. 한정된 자원은 고갈되곤 합니다. 결국 인간의 유한한 사랑은 고갈됩니다. 세상의 사랑이 그렇습니다. 누군가를 사랑하면 누군가는 배제되기 마련입니다. 낯선 이를 사랑하지 못하는 것은 자기 자신과 자신의 사람들에 대한 사랑으로 인해 나눠 줄 사랑이 부족해졌기 때문입니다. 그래서 땅의 사랑은 위험합니다.

하늘의 사랑은 다릅니다. 유한한 자원으로 사랑하는 것이 아니죠. 무한한 사랑은 마르지 않는 하늘의 자원에서 비롯한 신비입니다. 그러니 다람쥐들에게 돈을 쏟아붓자는 것이 아닙니다. 시혜와 동정으로 다람쥐를 어느 정도 사랑할 수 있습니다만, 이것은 무한한 사랑이 아닙니다. 다람쥐들이 평범하게 살도록 그들을 도와주면 끝나는 일일까요. 넉넉하게 이웃을 바라보지 못하고, 자기 자신만을 위해 살도록 내버려두는 것은 이 땅의 작은 사랑이 아닐까요. 하늘의 사랑은 정치로, 사회 복지로, 구호 활동으로 할 수 있는 이 땅의 영역을 뛰어넘습니다. 이 땅의 사랑으로도 굶는 사람을 줄일 수 있을 것입니다. 평범한 사람이 더 많아진다고 해서 그것으로 충분할까요? 이 세상의 경쟁에서 뒤처지면 좀 어떻습니까. 돈이 좀 부족하면 어때요. 무한한 가치로 사랑합시다. 진짜 숨 막히게 하는 것이 무엇인지를 알고 거기서 선겨 내는 것이죠. 그때 실존적 배고픔이 사라지고 존재의 자유가 허락됩니다. 이것만은 하늘의 사랑으로 가능합니다. 무한한 자원으로 사랑합시다. 이 사랑은 안아 주며 놓아줄 수 있습니다.

무한한 사랑은 우리가 함께할 수 있도록 하는 동인입니다. 다람쥐를 다람쥐답게 살도록 돕는 유일한 길입니다. 왜냐하면 무한한 사랑 앞에서 우리는 겸손해지기 때문입니다. 나의 것을 내려놓고, 이웃의 것을 있는 그대로 받아들일 수 있게 됩니다. 이제 자기 자신의 고정 관념을 내려놓고, 이들이 정말 자기 자신이 될 수 있도록 내버려 둡시다. 미움, 다툼, 시기, 질투를 버리고 우리 서로 사랑합시다. 그리고 그 사랑으로 풀어 주고, 스스로 다니게 해 줍시다. 물에 빠진 이들이 물으로 나왔을 때, 온전히 숨을 쉴 수 있도록 온기를 내어 줍시다. 숨이 회복되면 그제야 새로운 꿈을 꿀 수 있습니다. 이 세상에서 스스로 살아갈 수 있는 다람쥐야말로 하나님 나라의 주인공이 될 수 있지 않겠습니까?

다람쥐들은 하나님 나라의 '힘숨찐'입니다. 힘을 숨긴 진짜 주인공이라는 뜻이죠. 주인공의 진가는 바로 나타나지 않습니다. 약해 보이고, 잘난 것 없어 보이고, 평범해 보이는 인물이 진짜 힘을 숨기고 있는 주인공입니다. 진정한 자기 자신을 찾고 자유를 누릴 때 진짜 주인공이 될 것입니다. 자기 자신을 찾으면, 평범하게 사는 것 이상의 진정한 자기 삶을 살게 될 것입니다. 평범하면 뭐 어떤가요. 자신이 자기 인생의 주인공이라면, 남들의 시선 따위는 중요하지 않을 것입니다.

하나님 나라의 주인은 기성세대일까요. 아니면 다음 세대일까요. 예수님을 주인으로 모신 곳이 하나님 나라입니다. 따라서 하나님 나라는 하나님이 주인입니다. 부자도 하나님의 나라로 들어갈 수 있게 하는 것, 죽은 나사로를 살리는 능력은 하나님의 통치 아래 있습니다. 주인 되신 하나님의 주권 아래 놓여 있습니다. 그러나 놀라운 것은 하늘의 지분이 우리 인간에게도 허락됩니다. 하늘의 사랑 그 자체이신 하나님은 인간이 하늘의 주인이 되기를 바라십니다. 그렇기 때문에 하나님 나라는 나도 주인이 될 수 있고, 너도 주인이 될 수 있습니다. 나만 주인이 되는 것이 아닙니다. 그러니 예수님을 주인으로 모시고, 나의 이권, 욕심을 내려놓아야 하겠죠. 이제 다람쥐도 하나님을 주인으로 모시고, 하늘의 사랑을 경험하고 나눌 수 있도록 도와줍시다. 세상 모든 다람쥐에게 하나님의 은혜가 넘치기를 기도합니다. 진정 그들이 자유로운 하나님 나라의 주인공이 될 수 있기를 바랍니다.

다람쥐를 사랑하십니까? 사랑한다면 놓아 줍시다. 예수님도 문밖에 서서 두드리고 계십니다(계 3:20). 무리하게 문을 먼저 여시고 우리에게 찾아오시지 않습니다. 윌리엄 홀먼 헌트William Holman Hunt의 유명한 성화 「세상의 빛」이란 작품이 있습니다. 성화 속 예수님은 등불을 들고 서 계십니다. 약속을 하고 찾아간 친구네 집에는 등불이 필요하지 않습니다. 등불은 기다릴 준비가 되었다는 표시입니다. 예수님은 기다리십니다. 예수님의 등불은 가스라이트가 아닙니다. 문을 억지로 여시지 않습니다. 심지어 성화 속 문에는 밖에서 여는 문이 달려 있지 않습니다. 안에서만 열 수 있습니

「세상의 빛The Light of the World」,
William Holman Hunt

다. 스스로 문을 열고 나올 수 있습니다.

독일의 시인 라이너 마리아 릴케Rainer Maria Rilke는 친구의 죽음을 기리는 시, 「벗을 위한 레퀴엠」에서 죽은 이와의 이별을 노래합니다. 그는 사랑하는 사람에게 자유를 선물해야 한다고 말합니다. 릴케는 '소유하지 않는 사랑'을 노래한 시인입니다.

만약 무언가 죄가 되는 일이 있다면, 자기의 내부에 간직하고 있는 모든 자유를 바쳐서 사랑하는 사람의 자유를 넓혀 주지 않는 것. 그것이야말로 죄가 되는 것이다. 우리가 서로 사랑하고 있을 때 해야 할 것은 오직 이것. 서로 자유롭게 놔주는 일 뿐이다. 우리가 서로 잡고 놓지 않는다는 것은 쉬운 일이고 새삼스레 배워야 할 것도 아니기 때문이다.²⁸

릴케의 위 구절(여러 작품에 종종 인용되는데, 영화 「조조 래빗」

(2019)도 이 중 하나입니다)은 이별을 준비하기 위해, 사랑하는 동안에는 오직 놓아주는 일을 해야 한다고 말합니다. 붙잡는 일은 쉽고 익숙하지만, 놓아주는 것은 어려운 일입니다. 놓아주는 사랑은 거칠어 보이지만 숭고한 진짜 사랑입니다. 살아 있는 동안에도 놓아주는 사랑을 해야 합니다. 릴케의 진혼가鎭魂歌는 죽은 자뿐 아니라, 살아 있는 이를 위한 노래가 됩니다. 우리는 함께 살아가지만, 매일 이별해야 합니다. 여기에는 아름다움이 있을 수도 있고, 두려운 일이 벌어질 수도 있습니다. 그러나 우리는 그 길을 걸어갑니다. 2차세계대전 나치와 유대인 사이의 우정을 아름답게 그린 영화 「조조 래빗」은 릴케의 또 다른 시, 「신은 인간을 만들기 전에」의 한 구절을 인용하며 끝이 납니다.

아름다움도 두려움도

모두 경험하라

오직 걸어가기만 하라

감정에는 이르지 못하는 먼 곳이란 없으니[29]

아이와 어른, 사자와 어린 양

경기도의 한 대도시에 '젊은이교회'라는 교회가 있습니다. 이 교회는 한 대형 교회의 청년부가 독립해 재정, 행정, 사역, 의사 결정까지 청년들이 주도적으로 실시하는 믿음의 실험을 펴고 있습니다. 20세부터 35세까지만 출석 가능하도록 하고, 36세부터는 본교회로 돌아간다고 하니, 온전한 의미에서 하나의 교회로 보긴 어렵습니다.[30] 대형 교회들 위주로 이러한 실험이 이어지고 있습니다.[31] 앞에서도 세대를 분리해서 하나의 교회로 인정하는 것이 의의가 있다고 이야기했습니다. 청년들을 위한다는 '믿음의 실험'도 의미가 분명히 크다고 생각합니다. 한 건물 안에서 재정을 독립하는 모델과는 달리, 젊은이들의 문화 중심지에 지교회를 세워 독립하는 모델들도 있습니다. 이러한 성육신하신 예수님을 닮은 선교적인 교회를 응원합니다.

이미 많은 교회가 세대를 분화하여 연령별로 예배를 하고 있는 요즘입니다. 이제 지금까지와는 조금 다른 상상을 해 봅시다. 남녀노소 모든 세대가 한자리에 모여 찬양하고 예배하는 모습은 얼마나 아름다울까요? 사실 이것은 상상이 아니라, 지금도 남아 있는 교회의 전통입니다. 다람쥐를 주인으로 세워 주자는 것은 어른들과 분리해서 자기들만의 세상을 만들자는 것이 아닙니다. 세상 문화 안에는 점점 세대 간 분절이 심해지고 있습니다. 아이들과 노인들을 비하하는 멸칭蔑稱이 많습니다. 지면에 적기 차마 민망한 단어들이 많아 비교적 순화된 것만 소개해 드리자면, 급식(급식을 먹는 세대라고 비하하는 말)과 꼰대 정도가 있습니다. 좋은 말이 아니니 사용하지 않았으면 좋겠습니다. 이렇게 분리되는 세상 문화 가운데, 교회만은 모든 세대가 모이는 공간으로 여전히 남아 있습니다. 한쪽에선 믿음의 실험을, 다른 한쪽에선 세상의 모델이 되는 도전이 지속되어야 하지 않을까요.

유다 왕국의 4대 왕 여호사밧은 모압, 암몬 등 적들과의 전쟁 중에서도 우상 숭배를 금지하고, 성전을 바로 세우는 일에 앞장섰습니다. 성경은 "유다 모든 사람들이 그들의 아내와 자녀와 어린이와 더불어 여호와 앞에"(대하 20:13) 나아왔다고 증언합니다. 하나님은 선지자 야하시엘을 통해 선포합니다. "두려워하거나 놀라지 말라. 이 전쟁은 너희에게 속한 것이 아니요 하나님께 속한 것이니라"(대하 20:15). 그리고 군대 앞에서 찬양대가 찬양하자, 적들은 궤멸하고 말았습니다. 큰 전쟁 앞에 모든 세대가 모여 예배를 했고, 그들 앞에 놓였던 삶의 문제가 해결되었습니다.

개인화되는 세상, 세대 간 단절이 이어지는 문화 속에서 교회만이 함께 모일 수 있는 공간으로 남아 있습니다. 이 공간을 억지로 포기하는 것은 아쉽습니다. 이렇게 된 이유로는 개인화된 세상의 문화 풍조 자체도 문제입니다. 그러나 교회 내 개인주의도 영향을 끼친 것 같습니다. 이른바 복음주의를 표방하는 많은 교회가 예수님을 개인적 구주로 세우는 것을 강조하다 보니, 함께함의 중요한 가치를 잃어버리기도 했습니다. 1980년대부터 사회 복음을 이야기하며, 세상의 어두운 곳까지도 복음의 빛을 비춘 이들도 있었지만 정작 교회 안에서는 개인의 예배가 강조되었던 것이 사실입니다. 다 함께 모이는 공간으로서의 교회, 이 귀한 가치를 살려 낼 순 없을까요.

우리나라와 비슷한 현실을 겪고 있는 미국에서는 새로운 논의가 진행되고 있습니다. 그것도 1984년부터 40년 가까이 세대 간intercultural 사역에 대해 말하는 이들이 있습니다. 초기에는 기독교 교육 분과에서 세대 간 단절을 막기 위해 진행되었습니다. 당연히 주 관심사는 그들의 다음 세대에 있었습니다. 그러나 1997년 제임스 검본James Gambone이 의도적으로 '교육education'에서 '사역ministry'으로 단어를 바꾼 것을 시작으로, 목회학의 분야로 확장되어 다양한 연구와 실험이 이어지고 있습니다. 예를 들어 미국 내 한인 교회는 그동안 언어마저 분리되어 있었습니다. 한국어 예배가 어려운 다람쥐들을 위해 영어 예배가 따로 진행되어 왔습니다. 그러나 모든 가족이 함께 모여 예배할 수 있도록, 이중 언어bilingual 예배의 필요성이 대두되고 있습니다.[32] 한인 교회만큼은 한인 2세들이 부모의 문화와 본인의 정체성을 지킬 수 있도록 돕는 보호막 역할이 되어 주어야 하기 때문이죠.

우리나라에도 이러한 세대 간 사역이 소개되고 있습니다. 세대 통합, 간 세대 사역 등의 이름으로 번역되는데, 주로 기독교 교육계에서 작은 이슈로 이야기됩니다.[33] 우리도 새로운 논의가 필요합니다. 그러나 주의할 것은 여기서 모든 교회가 세대 간 대통합을 이루어 내자는 것은 아닙니다. 한국 교회에서는 '세대 통합'이란 용어가 사용되고 있지만, 통합보다는 세대 간 연합과 세대 간 연결이 더 어울리는 표현 같습니다. 억지로 통합하면, 아이들의 자유, 주체성을 제한하게 됩니다. 그렇다고 다람쥐들에게 모든 성도가 맞추는 것도 바람직하지 않습니다.

왜 모든 세대가 모여야 할까요? 그동안 계속해서 세대의 다름을 인정하자고 주장해 놓고는 갑자기 엉뚱한 이야기를 하는 것처럼 보일지도 모르겠습니다. 그러나 예배의 대상은 같지 않습니까. 교회는 그리스도의 몸입니다. 몸은 하나인데 많은 지체가 있고 몸의 지체가 많으나 한 몸인 것처럼 말입니다(고전 12:12). 우리 모두는 주님의 몸 된 교회입니다. 잠시 현상을 주목해 봅시다. 세대 간 연합이 어쩔 수 없이 다가오고 있습니다. 원하지 않아도 찾아올 것입니다. 왜냐하면, 기독교 인구가 줄고 있기 때문입니다. 이미 많은 작은 교회에서는 아이들과 어른들이 함께 예배합니다. 교회 안 다람쥐들은 함께 예배하는 친구가 점점 줄어들고 있습니다.

이는 기독교 인구 감소의 영향뿐 아니라, 우리 사회에 닥친 인구 절벽의 재앙 탓이기도 합니다. 부모 세대에 비해 어린 세대의 인구가 확연히 줄었습니다. 교회에 애들이 없는 것이 아니라 요즘 애들 자체가 줄어들었습니다.

이렇게 인구가 줄고 친구가 줄어들다 보니, 특히 목회자의 자녀들이 겪는 외로움이 커져만 갑니다. 이들이 제대로 된 영적 보살핌을 받지 못할 수도 있다는 것이죠. 이는 오래된 문제이지만, 점점 심각하게 생각해야 할 일입니다. 원하지 않아도 모든 세대가 모이는데, 이에 대한 대책이 없어서는 안 됩니다. 교회의 부흥을 꿈꾸며 어린이 예배를 분리하는 것을 꿈꾸십니까? 다람쥐들에게 맞는 예배의 옷을 입혀주고 싶은 그 마음은 이해합니다. 아이들이 시끄러워서 내보내고 싶은 분들은 없겠죠. 그러나 이제는 필연적으로 새로운 상상력이 필요합니다. 깊은 신학적, 교육적, 목회학적 연구와 실험이 이루어져야 할 때입니다.

서구 기독교의 앞선 연구에 우리의 것을 더해 봅시다. 선교적 차원에서도 세대 간 사역이 이루어질 수 있습니다. 세상으로 나가는 교회라면, 세상 문화의 옷을 입은 교회도 필요합니다. 그러나 눈높이에 맞는 재미만을 추구하는 것이 아니라, 새로운 도전이 필요할 때입니다. 미국의 세대 간 사역 연구가 기독교 교육에서 교회 사역 전반으로 범위를 확장했다면, 이제 한국 교회는 그것을 잘 배우고 더 나아가 세상으로 범위를 더 넓혀야 하지 않을까요? 기독교 교육학에서 목회학으로, 목회학에서 선교학으로 신학의 길을 넓히면 사역의 방향도 점점 분명해질 것입니다.

교회 안의 다람쥐들은 교육의 대상이기도 하지만 동시에 선교의 대상입니다. 사랑하지만 낯설게 보아야 할 이들이니까요. 선교의 눈으로 바라봐야 합니다. 그러니 내가 경험한 것만을 가르쳐 주는 것이 아니라, 그들의 다름을 인정하고 그들 스스로 성장할 수 있도록 도와야 합니다. 나와 똑같은 그리스도인이 되도록 강요하지 말고 그들 스스로 자기 몸에 맞는 진정한 그리스도인이 되도록 도와야 합니다. 이렇게 이들은 기독교 교육의 대상을 넘어 선교의 대상이 됩니다. 자유를 허락한 하늘의 사랑을 이 땅에서 실현하여 다람쥐들을 자신답게 살도록 돕는 것이 교회의 사명이라면, 이는 교회 학교 교사들과 교육 부서만 해야 할 일이 아닙니다. 선교는 신앙 공동체가 함께해야 하는 일입니다. 연령대로 흩어 버리는 것만 강조할 것이 아니라, 다 같이 모이는 일도 강조해야 합니다. 교육뿐 아니라 연결과 연대의 차원으로 하나가 되어야 합니다.

점점 서로 갈라지는 시대에서 교회가 세대 간 교류의 모델이 될 수 있을까요? 세대와 취향에 따라 자신과 다른 이들을 거부하는 세상은 마음이 잘 맞는 사람과만 사는 삶을 충분하게 여길지 모릅니다. 남에게 피해만 주지 않으면 그만인 것이죠. 더 정확히는 서로 엮이고 싶어 하지 않는 현실입니다. 그러나 이러한 세상 속에서 방향을 잃은 다람쥐들이 너무나 많습니다. 물에 빠져 살려 달라고 외치는 다람쥐들에게 분명한 방향 제시가 필요한 때이기도 합니다. 불안한 이들에게 완벽한 답을 제시할 수 없습니다. 그러나 어른들의 경험을 공유하는 것, 그저 곁에 머물러 주는 것은 교회가 할 수 있습니다. 하나님 나라는 사자와 어린 양만 모인 곳이 아닙니다. 아이도 노인도 함께하는 곳입니다. 이 땅에서 하나님 나라를 선취하는 공동체로 우리 구성원을 돌아볼 필요가 있습니다.

어른들은 과거, 아이들은 미래가 아닌 공동체 구성원 모두가 오늘이고 현재입니다. 어린이는 어른을 보고 그들에게 배웁니다. 모든 세대가 하나의 공동체라면, 자연스럽게 멘토를 만날 수 있습니다. 어른은 어린이와 함께하는 기쁨을 누릴 수 있습니다. 서로의 연결은 아름다운 공동체를 형성할 것입니다. 교회가 아니고서야 대학생과 청소년이 만나는 것은 쉽지 않습니다. 대학생들의 사회 봉사 활동으로 멘토링 프로그램이 여전히 인기를 얻고 있습니다. 20대는 10대와 함께하며 자신의 어린 시절을 돌아보고 진정한 자기 자신을 만나기도 합니다.

브라질 작가 J. J. 바스콘셀루스Jose Mauro de Vasconcelos의 『나의 라임 오렌지 나무』는 가정 폭력과 학대 속에 방치된 다섯 살 어린이 제제의 이야기를 담고 있습니다. 주인공 제제는 나무를 통해서 위로를 받지 않습니다. 소설의 제목과는 조금 다르죠. 제제는 자신을 학대하는 아버지와는 또 다른 어른인 포르투가 아저씨를 만나게 됩니다. 심각한 가정 폭력과 학대라는 아픔을 새로운 어른이 치유해 줍니다. 제제는 포르투가 아저씨를 친 아빠는 아니지만, 아빠라고 부르며 성장합니다. 이 소설은 피 한 방울 섞이지 않은 아저씨와 상처받은 어린이의 우정을 다룹니다. 포르투가 아저씨와 제제의 만남이 오늘날에는 무의미하다고 말할 수 있나요? 혼자 있는 사람이 점점 많아지는 사회에서 안전하게 여러 세대, 다양한 연령, 많은 사람과 친구가 될 수 있는 곳은 교회가 유일하지 않을까요?

모든 세대가 함께하면 공동체의 구석진 곳까지 사랑의 온기가 채워질 수 있습니다. 교회 사역은 목회자, 직분자, 교사만 하는 것이 아닙니다. 20대 다람쥐만 대예배, 교육 부서 예배, 청년 예배를 넘나들며 찬양팀과 교사로 봉사해서도 안 됩니다. 모든 세대가 함께한다면 교회 안 모든 구성원이 각자의 역할을 가지고 섬길 수 있게 될 것입니다. 교회에서 목소리를 잃은 이들은 다시금 목소리를 낼 수 있고, 많은 봉사로 지친 이들도 위로를 받게 될 것입니다. 모든 성도가 함께 교류하고 연합할 수 있는 시간이 많아지길 기대합니다. 성도의 교제가 회복되기를 소망합니다. 세대별로 나누고, 문화 코드에 맞추어 예배의 모양을 바꾸다 보니 빈틈이 생겼습니다. 이 빈틈은 모든 세대가 함께함으로써 채울 수 있습니다. 재미있는 프로그램이 없어도 괜찮습니다. 교회는 장소나 프로그램이 아니라, 공동체 그 자체이니까요.

교회 밖 사역도 마찬가지입니다. 현재는 부모가 양육의 모든 것을 떠안고 있습니다. 사회는 어느 정도 안전망을 형성하며 재정적 지원을 하지만, 물질적인 것만으로는 충분하지 않습니다. 아이와 함께 공원에 가면 할머니들이 그렇게 좋아하십니다. 요즘 아이 보기가 힘들어졌다고 속상함을 드러내십니다. 마을이 한 아이를 키우던 세상인데 어쩌다 이렇게 되었을까요. 자신의 이야기를 들어 줄 친구가 필요한 이들이 많습니다. 모든 세대가 한자리에 모인다는 것은 누구나 환영한다는 의미이기도 합니다. 오히려 진입 장벽이 높아지는 것일까요. 때로는 대상에 따라서 효과적인 전도 전략도 필요하겠지만, 이런 낭만도 필요하지 않을까요? 낭만을 넘어서는 현실적인 실험이 이어지기를 기대합니다.

젊은이들도 찾아오고 싶은 교회, 그러나 이것이 억지로 젊은이들만을 위한 공간이 아니면 어떨까요? 단순히 청년을 위한 젊은 분위기가 아니라 세상 문화를 뛰어넘는 선교적 모델이 되는 교회를 상상해 봅니다. 불안과 두려움으로, 심지어 남들과 엮이고 싶어 하지 않는 이들이 안전함을 느낀다면 그들은 마음을 내줄 것입니다. 안정감과 포근함에 매료되지 않겠습니까? 예루살렘 성벽을 재건하는 건축이 마무리되자 백성은 노래하고 제사하며 크게 기뻐했습니다. 여기에는 어른만 참여하지 않았습니다. "부녀와 어린아이도 즐거워하였으므로 예루살렘이 즐거워하는 소리가 멀리 들

렸느니라"(느 12:43). 모든 세대가 어울려 진정한 공동체가

될 때 하나님 나라의 기쁨도 크게 확산될 것입니다.

선교적 교회, 선교인 교회, 선교적 감수성

지금까지 교회 밖 다람쥐를 이해하고, 그들에게 다가가는 이야기. 교회 안 다람쥐를 주인으로 세워 주고, 다 함께 주님의 몸 된 교회를 만들어 가야 함을 이야기했습니다. 이제는 주님의 몸 된 교회에 대해 더 깊이 생각해 봅시다. 기독교 교육과 목회의 영역을 확장하여, 선교적 관점에서 이야기를 더 해 봅시다. 요즘 선교적 교회들이 많이 세워지고 있습니다. 지역 교회의 선교적 역할을 강화하고 지역 사회와 더불어 살아가는 교회들입니다. 지역 사회의 필요에 따라 카페, 공방, 책방 등의 형태를 가진 교회들이 있습니다. 교회가 세상에 선교사를 파송하던 형태에서 교회 스스로가 세상이라는 선교지로 파송된 '보냄 받은 교회'로 이론적 틀과 실천적 체제가 변화하고 있는 것입니다.

꼭 '선교적 교회'만이 지역 사회 최전방에서 선교 사명을 감당해야 하는 것은 아닙니다. 모든 교회의 사명이 선교입니다. "아버지께서 나를 보내신 것 같이 나도 너희를 보내노라"(요 20:21)라는 예수님의 선포는 제자 모두에게 해당하는 말이었습니다. 그리고 지금도 유효한 말씀입니다. 선교적 교회 혹은 선교사만 선교를, 전도사만 전도를 해야 하는 것이 아닙니다. 용례에 따라 선교와 진도 사이의 용어적 경계를 허물 수 있어야 합니다. 선교사를 파송하는 형태의 선교는 서구 기독교의 전통에서 출발한 것입니다. 기독교가 깊이 뿌리내린 중세 시대 유럽은 지역 사회 모두가 기독교인이었으니, 새로운 나라로 선교사를 파송했던 것이죠. 모두가 갈 수 없으니까요. 그러나 기독교 국가인 적 없는 우리나라의 상황에서는 있는 자리에서 모두가 선교사입니다. 레슬리 뉴비긴Lesslie Newbigin은 "모든 교회가 온 세상을 그리스도께 순종시키기 위해 선교의 책임을 새롭게 받아들이도록 요구해야 한다"고 주장합니다. 뉴비긴의 인도 선교 경험에 따르면, 아직 교인 교육을 받는 새로운 신자도 이미 이웃 마을 선교에 책임을 다해야 했던 것이죠.[34] 양육과 교육이 우선이고, 선교는 이차적인 것이 아닙니다. 우리나라는 개신교인이 20%나 있다고 하지만, 청소년 복음화율이 3%도 안 되는 선교지입니다. 선교지에선 모두가 선교사입니다. 따라서 한국 교회 신자라면 모두가 선교사가 되어야 합니다. 신자의 공동체인 교회도 마찬가지입니다. 우리의 신앙은 교회 안에 머물러 있는 것이 아닌 계속해서 밖으로 확장해 나가야 합니다. 교회는 선교하는 공동체입니다.

선교는 당연히 해야 할 것인데, 이는 어렵고 힘이 드는 일입니다. 오늘날 교회는 위기의 시대를 맞이했습니다. 많은 사람이 탈교회 현상을 발견하고 걱정을 합니다. 그러다 보니 벽을 쌓는 일에 익숙해진 것 같습니다. 선교는 양육, 훈련, 교육 이후에 주어지는 마지막 과제로 남겨졌습니다. '밥 먹는 식당'이라고 부르지 않아도, 식당은 밥을 먹는 곳임이 당연한 것처럼 '선교적 교회'라고 부르지 않아도 교회는 원래 선교를 해야 하는 곳입니다. 일단 살아남아야 하는 절박한 심경이 이해가 갑니다. 그러나 이럴 때일수록 밖으로 나가는 공동체, 선교적 교회들이 참 귀합니다. 그리고 모든 교회가 이미 선교적임을 잃지 않아야 합니다.

생존을 위해 고군분투하다 보니, 교회가 벽을 쌓는 데 익숙해졌습니다. 벽을 쌓고 지키다 보니 세상에 대한 관점도 거칠어집니다. 이렇게 교회는 (죽어야 다시 사는 부활의 신비를 잊은 채) 생사의 갈림길 앞에서 세상과 전쟁을 하고 있습니다. 십자군 전쟁과 같은 토벌 출정이 아닌, 세상 문화의 공격에 전군 방어 태세를 갖추고 있습니다. 낙동강 방어선 전투처럼 요즘 많은 교회가 세상의 악한 문화로부터 교인들을 지켜 내야 하고 보호해야 한다고 말합니다. 결국 교회와 세상의 이원론직 사고가 강화됩니다. 현대 선교학은 경계를 허무는 선교에 관해 논하고, 공공신학은 세상과의 관계를 어떻게 설정해야 하는지를 이야기하고 있지만, 정작 교회 현장은 벽을 세우고 세상의 문화를 막아서는 데만 급급한 현실입니다.

벽을 세우고 세상과 분리를 하다 보니 세계관 전쟁이 일어나고 있습니다. 교회가 세상보다 재밌는 프로그램을 만들고자 합니다. 본질이 아닌 재미와 자극을 추구합니다. 메타버스 프로그램을 만들고, 게임과 같은 참여형 프로그램을 준비합니다. 결국 "우리 교회 와 봐. 재미있어"로 끝이 나고 맙니다. 교회의 문턱을 낮추는 것은 어느 정도 의미 있는 일이겠습니다만, 이는 선교나 전도 표제가 될 수 없습니다. 교회를 다니는 사람을 만드는 것보다 예수님을 따르는 사람을 만들어야 합니다. 교회의 문을 잠시 여는 것이 아니라, 벽을 허물고 울타리를 넓히는 것이 바로 선교입니다. 바른 기독교 가치관을 심어 줄 수 있는, 이른바 건강한 '기독교 세계관'을 품은 문학, 미디어, 게임 등이 많아지면 참 좋겠습니다. 특히 다람쥐들에게 익숙한 게임은 절실하다고까지 여겨집니다. 위험한 것들이 많이 있습니다. 선한 영향력을 줄 수 있는 게임 개발엔 어마어마한 물적, 인적 자원이 필요하겠죠. 교회가 담당하기엔 너무 크고 어려운 사업입니다. 어쭙잖게 덤비면 요즘 말로 대참사가 일어날 뿐입니다. 클릭 수가 돈이 되는 세상에서 작은 일에도 대참사라는 제목이 많이 쓰입니다만, 진짜 대참사가 일어나면 안 되겠지요.

교회 대 세상, 세계관 전쟁을 하자는 것이 아닙니다. 기독교 세계관은 다른 세계관과 대결을 요청하는 것이 아니라, 소통의 도구로 사용되어야 합니다. 따라서 집단의 전쟁이 아닌 빛과 소금 된 신앙인의 삶이 중요합니다. 그리스도인들이 세상 가운데서 선한 영향력을 끼쳐야 합니다. 벽을 쌓고 세상과 싸워야 하는 교회는 어렵지만, 세상 속에서 살아가는 그리스도인 개인은 좋은 작품을 만들고 프로그램을 개발할 수 있습니다. 기독교 소설이 사라졌다고 하지만, 좋은 영향을 주는 기독교인 소설가의 작품들이 많습니다. 팬데믹 시대, 따듯한 이야기로 사람들에게 감동을 준 김호연 작가의 『불편한 편의점』을 예로 들 수 있겠네요. 우리 사회가 여전히 따듯한 이야기를 원하고 있음을 보여 주었습니다. 굳이 티를 내지 않아도 예수님의 위로가 전해졌습니다. 이야기 신교사, 웹툰 선교사, 게임 개발 선교사, 미디어 선교사들이 하나님의 위로를 전하기를 기대합니다. 선한 기독교인이 선한 것을 만들 수 있겠죠. 복음은 이렇게 세상 안에서 살아 역사할 것입니다.

벽을 쌓으면 밖을 볼 수 없습니다. 밖에 나가야 비로소 밖을 볼 수 있습니다. 이미 밖에 나가 있는 다람쥐 그리스도인들을 교회 안으로 어떻게든 붙잡아 두기 위해 애쓰기보다는, 이들이 밖에서 잘 살 수 있도록 도와줍시다. 이미 세상에는 파송을 받은 선교사들이 많습니다. 교회가 직접 세상 가운데 감당해야 할 역할도 많습니다. 벽을 쌓고 안에 머물다 보면 많은 것들을 놓칠 수 있으니 되돌아봐야 합니다. 교회는 세상이 울부짖는 고통의 문제 앞에서 성경적, 신학적 근거를 찾는 일에 가장 큰 힘을 쓰곤 합니다. 그 관점으로 세상의 구석에 놓인 이들을 판단하고 정죄하는 데 익숙합니다. "당신의 주장은 비성경적입니다" 내지는 "성경대로 해야 합니다"라고 외칩니다. 여기엔 자의적이고 편파적인 선택이 이어집니다. 무엇이 성경적인 것일까요? 저는 아직도 잘 모르겠습니다. 그런데 쉽게 답을 내리고 새로운 문제 앞에 진중한 성찰 없이 낯선 이들을 경계하는 것은 옳은 일이 아니란 것쯤은 잘 알고 있습니다. 그리고 교회 안 다람쥐들을 세상과 분리시키며 교회 안에 묶어 놓고자 하는 것을 보면 속상합니다. 각 사람이 그리스도의 지체로, 하나님 나라의 주인공으로 살아가야 하는데, 똑같은 모습과 생각만 강조하고 있지는 않나요?

우리는 쉽게 세상의 거짓, 탐욕, 악마 문화를 욕합니다. 그러나 '스불재'라는 말을 들어 보셨나요? 교회에게 닥친 무관심의 형벌은 교회 '스스로 불러온 재앙'입니다. 다람쥐들은 세상 문화에 빠진 것이 아니라, 벽을 쌓기만 하는 교회에 더 이상 관심을 갖지 못하게 된 것입니다. 교회 밖은 낯선 곳이라며 경계하면서 교회 안 다람쥐들은 낯선 존재로 여기지 않습니다. 교회는 안전한 곳이어야 합니다. 벽을 쌓아 안전한 곳이 아니라, 모두가 들어와 쉴 수 있는 곳이어야 합니다.

예수님을 따르십니까? 교회를 다니십니까? 우리는 세리와 죄인의 친구였던 예수님을 따르는 이들입니다. 너희 중에 죄 없는 자가 먼저 돌로 치라고 하신 그분의 말씀은 친구를 지키고자 하신 사랑의 메시지였습니다. 예수를 따르는 자들은 친구를 사랑할 수 있습니다. 그가 예수님을 알지 못해도 말이죠. 대신 교회를 다니는 사람은 교회를 안 다니는 사람을 사랑하기 어렵습니다. 교회에 나와야 사랑이 완성되니까요. 바리새인은 손을 자주 씻는답니다. 질병의 공포 앞에 손 씻기가 생활화된 요즘, 우리가 무엇을 씻어 내야 할지 고민해 봅시다. 고민이 깊어져 손을 오래 씻게 되면, 몸의 건강은 물론이요, 마음의 건강도 얻게 될 것입니다. 흔들리는 청춘들에게 "그건 틀렸어. 이렇게 살아야 해"가 아니라, "달라도 괜찮아. 내가 옆에 있어 줄게!"라고 말해 주는 것은 어떨까요?

지금까지 불편한 이야기를 해서 죄송합니다. 그러나 조금만 더 해 보겠습니다. 불편하게 하는 요즘 단어가 있습니다. '정치적 올바름political correctness, PC'입니다. 이 말은 차별과 배제 등의 편견이 있는 말의 표현이나 어떤 용어를 사용하지 말자는 운동입니다. 과거에는 쉽게 했던 표현들이 혐오와 배제, 차별적 언어였던 것이 참 많습니다. 결정 장애, 벙어리 장갑 등 무심코 사용하던 말이 장애인 혐오 표현으로 지적됩니다. 가정이나 어린이집에서도 남자는 파란색, 여자는 분홍색이라는 편견을 아이들에게 심어 주지 말자고 합니다.

"뭐 이런 걸 가지고 그래?"
"라떼는 그냥 쓰던 말이야."

참 불편합니다. 얼마나 불편해하냐면 이 말 저 말에 딴지를 거는 이들을 가리켜 '프로불편러(전문적으로 불편해하는 사람)'라고 욕하며 그들의 입을 막습니다. 특히 젠더 문제와 같이 예민한 이슈들에는 백래시backlash라 불리는 강한 반대 운동이 일어나기도 합니다. 세대 간 갈등뿐 아니라, 같은 세대 안에서도 여자와 남자의 갈등이 생겨났습니다. 이러한 20대의 남녀 갈등을 정치권에서 부추기고 있는 것은 아닐까 할 정도로 심각한 갈등이 일고 있습니다. PC 영역 안에서 젠더 문제는 요즘 다람쥐들에게는 굉장히 민감한 사항입니다. 저는 이러한 문제에 있어서 어느 한 편에 서는 것이 불편합니다. 상호 존중과 태도의 문제도 되돌아봐야겠지만, 오죽하면 저럴까 싶은 문제도 많습니다. 그러나 확실히 깨달은 것 한 가지는 프로불편러들 덕분에 세상이 발전한다는 사실입니다. 정의로운 예민함을 가진 이들 덕분에 편견이 깨집니다. 우리의 작은 불편 덕분에 숨통이 트이는 이들이 있습니다. 세상 가장 구석진 자리에 웅크린 이들, 자신의 존재 의미를 발견하지 못한 이들, 생사의 갈림길에 선 이들이 많은 사람의 불편으로 숨쉬기를 선택합니다.

불편은 예민함에서 오는데, 이러한 예민함을 감수성이란 말로 표현합니다. 성인지 감수성, 인권 감수성, 생태 감수성 등 감수성이 높은 사람이 세상을 변화시킵니다. 남의 불편을 예민하게 발견하는 사람, 자신의 불편을 외치는 사람 모두 포함됩니다. 그러니 교회 안에도 예민한 사람들이 많아지면 좋겠습니다. 이미 벽이 높아진 교회 안에서 살아남긴 쉽지 않겠지만, 주님의 몸 된 공동체, 예수님을 따른다면 작은 불편을 감수해 줄 수 있어야겠지요. 교회 안에서도요. 이를 선교적 감수성이라고 할 수 있을까요.

교회는 이미 참 예민합니다. 교회 안팎으로 정말 예민합니다. 다름을 느끼면 예민하게 경계합니다. 그리고 성경대로 판단합니다. 그런데 이제는 이미 답을 내려놓고 성경적, 신학적 논쟁을 하는 것이 아닌 진짜 작은 아픔에 반응할 수 있는 선교적 감수성이 필요하지 않을까요? 예수님의 제자들은 아이들이 불편했던 모양입니다. 아이들이 다가오자 그들을 꾸짖었습니다(막 10:13). 하지만 예수님은 자신의 제자들과 달랐습니다. 그 어린아이들을 안아 주셨습니다. 예수님의 자세는 불편했을 것입니다. 불편함을 감수하고 그분은 아이들에게 안수하시고 그들을 축복해 주셨습니다(막 10:16).

선교의 사명을 감당하는 교회는 주님의 몸입니다. 이는 불편한 몸입니다. 선교로서 교회는 남을 불편하게 하는 것이 아니라, 스스로 불편해집니다. 이웃이 기댈 수 있도록 어깨를 내줍니다. 내가 불편하면 상대가 단순히 편해지기만 하는 것이 아닙니다. 나의 불편함으로 인해 이웃은 새 생명을 얻게 됩니다. 쉴 만한 물가를 드디어 찾았으니까요.

새로운 언어, 상상력, 삶

이제 어느 정도 다람쥐의 세계를 이해하셨습니까? 그런데 솔직히 말하자면 다람쥐를 알려고 한들 그들의 이야기를 전부 알 수 없습니다. 지금까지 다람쥐를 알아보자고 달려왔지만, 결국 결론은 이것입니다. 그저 다람쥐들이 오늘도 행복했으면 좋겠습니다.

어린아이가 천국의 주인이라고 한 예수님의 말씀은 어른들이 이미 너무 많은 것을 알고 있다는 메시지가 아닐까요. 우리 또한 바리새인과 사두개인의 누룩, 곧 종교인들의 오만함을 답습하고 있지는 않은지 스스로 돌아봅시다(마 16:6). 어린아이들을 단순히 훈계하지 않고 오히려 그들을 보며 배움의 자세를 갖는 것은 어떨까요? 그들의 이야기를 잠깐 듣고는 알았다고, 전부 이해했다고, 하는 식의 판단의 마음을 품지 말고 끝까지 긴장을 유지해야 합니다. 예수님이 말씀하신 누룩이 떡에 관한 것이 아니라는 사실을 알고 계실 겁니다.

교회는 세상 안에서 살아가지만, 세상에서 단순히 살아남는 것이 목표가 되어서는 안 됩니다. 교회는 예수님의 가르침*을 베푸는* 신앙 공동체입니다. 선교 공동체, 선교인 교회가 되기 위해서는 앞서 언급한 불편하고 예민한 감수성을 통해 만들어지는 '새로운 언어'가 필요합니다. 새로운 언어는 신학의 언어일까요? 성서의 언어일까요? 예수님의 가르침은 애초에 종교가 아니라 삶이었습니다. 새로운 언어는 삶의 언어입니다. 그분의 삶이 성경에 기록되었고, 이 성경을 가지고 교리와 신학이 정립되었던 것이죠. 예수님의 삶과 가르침이 교리와 신학이 되는 과정에서 그 시대의 철학과 삶의 문화가 묻어나지 않았던 적이 없습니다. 중세 신학은 플라톤과 아리스토텔레스를 만나며 정통주의를 만들었습니다. 중세에는 르네상스를 만나 종교개혁 신학과 교회가 탄생했습니다. 1789년 프랑스 혁명 이후로 사람들은 개인에 관심을 갖게 되었고, 이러한 세상의 흐름 속에서 자유주의 신학과 이것에 반발하는 신정통주의가 나타나 여전히 대결하고 있습니다. 19세기 경건주의의 뿌리를 둔 복음주의, 20세기 영적 대각성 운동으로 생겨난 오순절주의도 있습니다. 서양의 기독교는 전 세계 안에 기독교World Christianity가 되어서 저마다의 신앙생활의 양식이 다르게 나타납니다. 그러나 서로를 보고 고정 관념과 편견에서 벗어날 수 있음에도 불구하고 교회는 여전히 다원주의, 상대주의, 근대주의, 탈근대주의 등의 시대 사조들과 싸우고 있습니다.

대결을 통해 새로운 것을 얻는 일은 한계가 있습니다. 대결은 있는 것을 지키거나 무너뜨릴 뿐, 새로운 변화를 가져오지 못합니다. 새로움은 삶을 통해 나옵니다. 삶의 태도가 변해야 합니다. 선교도 마찬가지가 아닐까요? 억지로 베푸는 선교가 아니라, 함께 살아가는 사귐이 선교가 되어야겠지요. 예민하게 상대방의 필요를 알아차리고, 작은 소리에도 귀를 기울이며 친구가 되는 것입니다. 이런 예민한 감각이 선교적 감수성이며, 이런 삶을 담아내는 태도 전환이 필요한 때입니다. 주체는 내가 아니라, 나와 상대방 모두에게 있습니다. 그런데 내 지분이 너무나 큽니다. 잠시 내가 가지고 있는 것을 내려놓아야 합니다. 개념, 이론, 이념, 신학은 여전히 중요하지만, 이웃, 젊은이들, 비그리스도인, 세상이 스스로 질문하도록 잠시 그것들을 내려놓으면 안 될까요? 나의 입을 닫고 손을 내밀어 보는 것이죠.

영화 「신과 함께」에서 사고로 사망한 김자홍에게 저승사자 혜원맥은 이렇게 말합니다.

"괜찮아, 괜찮아! 아저씨 오늘 처음 죽어 봐서 그래!"

나와 너, 우리의 삶에 대한 새로운 태도는 '새로운 상상력'을 가져올 것입니다. 죽으면 다시 살아납니다. 이것이 예수님의 삶 아니겠습니까? 지금 이 시대 안에서 살아가는 우리의 삶이 2000년 전 예수님의 삶을 닮아 갈 수 있도록, 오늘날의 삶에서 시작합시다. 삶의 이야기는 톡톡 튀는 새로운 아이디어로 재탄생합니다. 새로운 언어의 시작입니다.

이제는 새롭게 상상력이 발휘될 수 있는 공간이 필요합니다. 교회의 의사 결정권은 대부분 남성 어른들에게 있습니다. 대한민국 국회에만 가도 젊은 청년이 있고, 몸이 불편한 이들이 있고, 한 가정의 어머니가 있습니다. 그런데 21세기 오늘날에도 아직 여성에게 목사 안수를 허락하지 않는 교회가 있다는 건 부끄러운 일이 아닐 수 없습니다. 가끔은 제가 남자라는 이유 말고는 잘난 것이 하나 없음에도 목사가 되었다는 사실이 더 부끄럽습니다. 구조 개혁을 외치지는 못하더라도 교회가 어떻게 세리와 죄인들의 말을 들을 수 있을지 함께 고민하면 좋겠습니다. 파스칼의 말처럼 힘 없는 정의는 무력하고 정의 없는 힘은 폭력이 될까 두렵습니다. 힘 안에 하나님의 징의가 살아 있기를 기도합니다.

단순히 의사를 결정할 힘을 주장하는 것이 아닙니다. 새로운 상상력이 하나님을 찬양하는 새로운 언어를 만들 것입니다. 교회는 이들이 자유롭게 자신의 생각을 말하고 질문할 수 있는 안전한 공간을 제공해야 합니다. 아름다운 전통을 가르쳐야 하지만 훈계하지는 맙시다. 이미 우리에겐 성경이라는 완벽한 답이 있지만, 내 생각을 정당화하기 위해서 하나님의 러브레터를 함부로 사용하지 맙시다. 무조건 들어주자는 말도 아닙니다. 단지 사랑의 대화를 요청하는 것입니다. 교회가 죽어도 하나님의 공의는 살겠지만, 그래도 여전히 교회가 희망이라고 믿습니다. 하나님의 공교회는 그동안 신앙 공동체가 걸어온 길을 무시하고 완전히 새로운 길을 걷지 않았습니다. 그러니 교회를 비판하자는 것이 아닙니다. 이미 교회를 향한 비판적 시각은 다람쥐들의 눈 밖에 있는 일입니다. 무관심이 더 큰 문제입니다. 자아 성찰은 필요하겠지만, 비판을 위한 비판은 내려놓아야 할 때입니다. 선배들이 쌓아 온 신앙의 유산을 가지고 신앙 공동체는 변화했습니다. 교회가 여전히 건물이라는 공간을 유지하길 원한다면, 아이와 어른, 사자와 어린 양이 함께하는 하나님 나라의 공동체가 되어야 합니다. 부동산을 살리자는 것이 아닙니다. 건물보다 먼저 필요한 것은 사랑의 공동체입니다. 신앙의 유산 위에 새롭게 쌓아 올리게 될 무궁한 상상력을 기대합니다.

자신감 있게 말했지만 사실 질문의 절대적인 양이 부족합니다. 한국 사회는 여전히 질문하는 것에 익숙하지 않습니다. 학교는 여전히 토론의 장이 아닌 지식 전수의 장에서 멈추기도 합니다. 그러나 누구나 의미를 찾고 싶어 합니다. 안전한 공간을 만들어 줘야 하는 이유가 바로 이것 때문입니다. 답을 던져 주며, 질문을 막는 곳이 아닌 안전한 공간이 필요합니다. 벽을 쌓는 것이 아니라 울타리를 넓히며 곁에 있어 주는 것이 필요합니다. 닭과 알 중 무엇이 먼저인지를 묻는 인과의 딜레마에 빠진 것 같지만, 안전과 질문 모두 중요합니다. 질문을 받아 주면 안전해지고, 안전한 공간에서 더 좋은 질문이 나옵니다.

선배님들 덕분에 안전해진 공간에서 다람쥐들은 질문합니다. 기독교의 가치와 체제에 의심을 할 수도 있습니다. 앞서 살펴보았듯이 2000년 동안 쌓아 놓은 아름다운 전통과 신학이 준비되어 있습니다. 그러나 다람쥐들의 질문은 간혹 납하기 어렵습니다. AI가 답변하듯이 쉽게 답을 툭툭 던지지 맙시다(아직도 불완전한 AI가 많이 하는 답은 '죄송합니다. 아직 그 질문을 이해하지 못합니다'입니다. 어떤 어른들과는 달리 솔직한 매력이 있습니다). 관심과 사랑이 없는 답변은 소리 나는 구리와 울리는 꽹과리 소리일 뿐입니다(고전 13:1). 예수님은 신학교를 만들거나 교리를 만드시지 않았습니다. 그분은 이야기를 들려주며 질문을 던지셨습니다. 약자와 함께 사셨으며, 병자를 치유하시고 굶주린 자를 먹이시며 제자들과 함께 답을 살아 내셨습니다. 다람쥐들에게는 즉문즉답을 하는 훈장님이 아니라 질문을 함께 공감해 주고, 답을 찾아가는 여정에 동참할 길벗이 필요합니다. 마치 하늘에서 이 땅을 바라보는 기독교 세계관보다 이 땅에서 하늘을 보며 살아가는 그리스도인의 제자도가 더 필요한 때입니다. 답을 찾아가는 여정, 질문하는 삶 자체가 제자의 삶이 아닐까요? 질문에 논리적이고, 성경적이고, 교리적으로 완벽한 답을 주기 전에 먼저 질문 자체에 관심을 가져 주어야 합니다.

교회 안 다람쥐들은 부모님의 믿음이 아닌 자신의 신앙을 찾기 위해서 묻습니다. 선생님의 첫사랑 이야기에 귀를 기울이듯, 선배들의 신앙 이야기가 새로운 답을 찾는 열쇠가 될 수 있습니다. 이러한 질문과 답이 삶을 담아내는 현장의 언어입니다. '새로운 언어'는 이러한 과정을 거치며 생겨날 것입니다. 교회 밖 다람쥐들도 질문을 합니다. 아주 작은 목소리입니다. 물론 속에 있는 질문을 끌어내지 못하는 이들도 있습니다. 이들은 교회가 질문할 수 있는 공간이라는 사실을 알게 되면 자연스럽게 찾아올 것입니다. 물론 아직도 인생에 관한 존재론적 질문부터, 불공평하고 정의롭지 못한 인간의 삶에 대해 질문하는 교회 밖 다람쥐가 제법 많습니다. 삶의 의미를 어디서 찾아야 할지 묻고 혹시 이곳에 답이 있을까 하여 봉사 활동을 하러 오는 대학생도 만나게 됩니다.

교회가 차별 금지마저 금지하는 동안, 사각지대에 놓인 이들이 무관심 속에서 존재마저 희미해지고 있지는 않나요? 교회가 새로운 질문을 던진 이들의 이야기에 귀를 기울이지 못한다면, 교회는 무관심 속에서 존재 가치가 희미해질지도 모릅니다. 대신 질문을 수용하기 시작하면, 질문이 더 많아질 것입니다. 삼엄한 경계儆戒를 풀고 경계境界에 다가갑시다. 경계에 서면 구석구석 모퉁이와 귀퉁이의 소리가 들립니다. 세상의 소리에 귀를 기울이면, 다시 교회의 존재 이유가 명확해질 것입니다. 새로운 언어에 귀를 기울어 봅시다. 어떤 새로운 언어들이 우리에게 말을 걸어 올까요?

노마드 워커nomad worker가 많아지고 있습니다. 이들은 사무실이나 집 외의 장소에서 시간에 얽매이지 않고 일하는 사람들입니다. 어려서부터 랜선이 끊어져도 세상과 연결이 자연스러운 이들에겐 놀랄 것이 없는 근무 환경입니다. 국립국어원은 이 말을 우리말인 '유목민형 노동자'로 순화해서 사용해 달라고 하는데, 입에 잘 붙지는 않습니다. 노마드 워시퍼, 노마드 크리스천, 유목민형 예배자, 유목민형 그리스도인이 늘어나는 것도 놀랄 것이 없는 변화입니다. 가 보지 않은 길은 무섭습니다. 답을 좇아 살면 쉬운데, 다람쥐들이 굳이 어려운 길을 택하려는 이유가 무엇일까요. 익숙한 방법으로 세상을 살아가는 것은 당연한 일이기도 합니다.

자신에게 익숙한 세계관으로 부모의 믿음, 기성세대의 교회, 선배들의 예수님을 바라보고 묻기 시작합니다. 특히 '교회'를 다닌다는 것에 대해 질문합니다. 토착민 선배들과는 다른 길을 걷고자, 유목민이 되어 떠돌아다니기도 합니다. 안전한 집이 있는 정착만이 답일 것 같지만, 유목민의 연대가 새로운 교회가 되기도 합니다.

AI 시대가 다가왔습니다. AI가 그림을 그려 주고, 글도 써 줍니다. 심지어는 그럴듯한 기도문과 설교문도 작성해 줍니다. 지식 배틀로는 과학 기술의 세례를 받은 AI를 이길 수 없습니다. 요즘 사람들은 자신의 답을 찾기 위해 현자를 찾지 않습니다. 대신 인간이 그동안 축적해 온 빅데이터를 찾아갑니다. 빅데이터는 묻는 이에게 그동안 다수가 만족해 온 값을 전달해 줍니다. 그리고 사람들은 이 다수가 만족한 값을 신뢰합니다. 데이터는 어떻게 살면 행복한지도 알려 줄 수 있습니다. 데이터는 행복한 사람이 어떻게 살았는지를 알고 있으니까요.

인간이 만드는 사회는 노모스(규범)라는 질서로 유지됩니다. 종교사회학자 피터 버거^{Peter L. Berger}는 노모스에는 여백이 있으며, 이 노모스가 무너지면 아노미(사회적 혼란 상태)에 빠진다고 말합니다. 그는 이 여백을 채워 코스모스(우주에 고유한 것으로 생각되는 근본적 의미)를 상정하는 것이 바로 종교임을 주장합니다.[35] 이렇듯 종교는 이 세상의 성스러운 천개The Sacred Canopy[36]의 역할을 합니다. 발전한 현대 문명도 여백이 존재합니다. 사회의 가장자리까지 관심을 주는 듯하지만, 극소수가 힘과 자원을 차지하는 체제는 변하지 않고 더 강화됩니다. 많은 사람이 최소한 인간답게 살아가도록 보장해 줄지도 모릅니다. 데이터는 새로운 상상력과 언어가 아닌, 그저 평범하게 살아가는 방법을 가르쳐 줍니다. 여기서 소외가 발생할 수 있습니다. 이미 기술을 다루지 못하는 소외된 이들이 발생하고 있습니다. 선한 다람쥐들이 어른들에게 키오스크 사용을 도와주는 모습을 심심치 않게 찾아볼 수 있습니다. 이렇게 또 다른 차별이 발생할 수 있습니다.

성스러운 천개, 신성한 그늘막 안에서 이 사회를 지켜 낼 수 있는 이들은 누구일까요? AI 시대, 빅데이터 시대에 교회가 걸어가야 할 길을 찾는 이들은 어려서부터 손에 스마트폰을 들고 살아온 Z 세대 다람쥐들입니다. 낡은 종교는 어휘력을 잃어 구멍 난 그늘막을 만들어 냅니다. 그러나 살아 계신 하나님을 믿고, 예수님을 따르는 다람쥐는 다릅니다. 귀여워 보이는 겉모습만 보고 그들의 가능성을 함부로 재단해선 안 됩니다. 어른들의 키오스크 사용을 돕는 것부터 시작하여, 데이터를 활용하여 선한 것을 만들어 낼 이들도 다람쥐들입니다. 사실 데이터를 활용해야 할지 폐기해야 할지 그것도 잘 모르겠습니다. 그 답은 하나님과 다람쥐들만이 알고 있습니다.

그들이 새로운 답을 찾을 수 있도록 질문을 들어 줍시다. 목소리에 귀 기울여 줍시다. 숨이 막혀 힘들어하고 있는 이들을 건져 내 봅시다. 살리는 이는 하나님이고, 길을 걷는 이는 오늘 이 시대를 살아가고 있는 우리입니다. 오늘도 우리는 하나님이 주신 자기만의 우산을 들고, 우리 자신만의 길을 걸어가고 있습니다. 전문가들은 포스트미디어 시대, 즉 새로운 시대가 되어 개인이 미디어와 사회를 살아가는 주체가 되었다고 말합니다. 그러나 여기서 개인만큼 더 중요한 것이 바로 '플랫폼'입니다.[37] 교회가 개인화되어 흩어진 사람들이 서로 소통하며 더불어 살아가는 안전한 플랫폼이 되어 줄 수는 없을까요?

불안한 세상에서 살지만 우리는 여전히 굳건한 하나님

의 나라를 살아가고 있습니다. 세상에 관심을 두는 것은 청지기의 사명입니다. 이것이 선교입니다. 다람쥐들이 오늘도 행복할 수 있는 방법은 하나님 나라를 사는 것입니다. 예수님의 사랑을 깃발 삼아 새로운 상상력을 품어 새로운 언어를 만들어 살아가는 삶이 바로 그것입니다. '새로운 삶'입니다. 새로운 삶은 이전까지와 조금 다를지도 모릅니다. 불편하고 어색할 수도 있습니다. 그러나 역사상 수많은 믿음의 선배들이 새로운 삶을 개척하며 살아왔습니다. 선배님들과 같이 다람쥐들도 성스러운 천개 아래서, 안전한 플랫폼 아래서 새로운 삶을 영위할 수 있게 될 것입니다.

영적 권위를 내세우며 폭력을 일삼은 바리새인들은 새로운 삶을 맛보지 못했습니다. "새 하늘과 새 땅(계 21:1)"은 이단만 점유하는 전유물이 아닙니다. 이 약속의 성취는 특정 소수에게만 허락되지 않았습니다. 이단들이 이단이라 불리는 이유는 이러한 특권 의식 때문입니다. 새 하늘과 새 땅은 그리스도인들에게 허락하신 하나님의 약속입니다. 십자가의 공로 아래 새로운 옷을 입고 새로운 삶을 살아가게 됩니다. "둘로 하나를 만드사 원수 된 것 곧 중간에 막힌 담을 자기 육체로"(엡 2:14) 허무신 이 안에서 새로운 삶을 얻습니다.

"그런즉 누구든지 그리스도 안에 있으면 새로운 피조물이라 이전 것은 지나갔으니 보라 새 것이 되었도다"(고후 5:17).

이제 새로운 노래로 하나님을 예배합니다. 새로운 상상력으로 새로운 언어를 만들고 귀를 기울이며 오늘 이곳에 임하는 하나님의 나라, 곧 새 삶을 꿈꿉니다. C.S. 루이스의 글을 인용합니다.

천국 대신 이 땅을 택하면 결국 이 땅은 언제나 지옥의 한 구역에 불과했다. 그러나 천국을 이 땅보다 앞세우면 결국 이 땅은 처음부터 천국의 일부였다. **38**

신선한 라떼를 위하여!

여러분의 리즈 시절은 언제였습니까? 리즈 시절은 옛말로 "왕년의 말이야" 할 때 이 '왕년'과 비슷한 말입니다. 지나간 전성기, 황금기를 가리킵니다. 영국의 축구 팀인 리즈 유나이티드가 과거 잘 나가던 시기를 표현한 리즈 시절이라는 말이 인터넷과 방송, 일상생활에서 많이 쓰이는 말이 되었습니다. 다시 여쭤 보겠습니다. 당신의 리즈 시절은 어땠습니까? 다람쥐에게 여러분의 찬란했던 과거를 추억하며 이야기하실 때, 내 리즈 시절은 말이야, 라고 시작해 보세요. "라떼는 말이야"보다는 반응이 좋을 것입니다. 아쉽게도 리즈 시절에는 지금이 예전만 못하다는 아쉬움이 묻어난 말이기도 합니다. 은퇴한 축구 선수의 전성기 시절, 중년이 된 배우의 20대 시절을 추억할 때 쓰는 말이니까요. 오늘보다 더 반짝 빛나던 어제가 있었나요? 오늘도 여전히 밝게 빛나고 있습니다. 우리 인생은 언제나 리즈 시절입니다.

다람쥐를 향한 라떼 이야기들이 다람쥐들을 향한 애정에서 나온 말이라는 것을 잘 알고 있습니다. 자신의 경험을 돌아보면서, 나 때는 이랬으니 너도 나처럼 살아 봐, 혹은 반대로 나처럼 실수하지 말고 너는 더 좋은 길로 가 보라는 사랑의 메시지입니다. 아름다운 전통은 방향을 잡아 주고 선배들의 경험은 돌아가지 않고 효율적인 길을 걷도록 도와줍니다. 다람쥐들이 아무리 라떼를 듣기 싫어해도, 무쓸모 (아무 쓸모 없음의 줄임말)가 아니라는 것은 어렴풋이 알고 있을 것입니다. 그저 강압적인 태도로 존중받지 못한다는 느낌이 라떼를 싫어하게 만드는 것이니까요.

스콧 피츠제럴드Francis Scott Key Fitzgerald의 소설 『위대한 개츠비』에서 주인공 제이 개츠비를 관찰하는 화자인 닉 캐러웨이는 이렇게 말합니다.

그래서 우리는 과거로 끊임없이 흘러들어가면서도 해류에 맞서 배를 띄우고 파도를 가른다.

So we beat on, boats against the current, borne back

ceaselessly into the past.

이 문장은 소설의 마지막 문장이기도 합니다. 과거와 현재는 늘 붙어 있습니다. 과거 없는 현재는 없습니다. 미래도 중요합니다. 존버 정신이 시대정신이 되었습니다. 특히 투자를 하는 데 굉장히 필요한 마음가짐으로 일컬어지고 있습니다. 어쩌다 존버가 국룰國+rule이 되어 버렸을까요. 오죽하면 버티는데, 비속어를 앞에 붙여 가며 버티라고 말할까요. 존중하며 버티라는 의미로 바꾸기도 하고, 교회에선 존귀하게 버티라고도 하지만 모든 말 안에는 절박함이 그대로 묻어납니다. 확신을 가지고 기다리는 것이 아니라 오늘보다는 낫겠지, 하며 버티는 의미가 더 강합니다. 정말 버티고 버티다 보면, 결국 나의 시대가 올까요?

라떼가 아니라 너 때는 공부해야 하고 미래를 준비해야 한다고 말합니다. 지금 땀방울을 흘리지 않으면, 내일 피눈물을 흘리게 될 거라는 무시무시한 말도 종종 듣습니다. 그러나 영화 「아저씨」의 주인공 차태식은 이렇게 말합니다. "니들은 내일만 보고 살지? 내일만 사는 놈은, 오늘만 사는 놈한테 죽는다." 훗날에 닥칠 위험을 걱정하지 않은 채 오늘만 살면 안 되지만, 내일만 살아서도 안 되지 않을까요? 미래에 기술이 발전해서 30년 뒤의 내가 오늘의 나를 찾아오거나, 편지나 전화 한 통 줘서 더 나은 미래로 나를 이끌어 줄 수 있다면 좋겠습니다. 과거도 중요하고 미래도 중요합니다. 무엇보다 어제나 내일만큼 중요한 것이 있으니, 그것은 바로 오늘입니다. 기성세대가 주인이고, 어린이들은 다음 세대가 아니라 오늘 함께하고 있으니, 모두가 중요합니다. 모든 사람이 중요한 것처럼 할아버지와 할머니도, 부모님도, 청년도, 청소년과 어린이도 함께 살아가고 있는 지금, 오늘이 소중합니다. 신선한 라떼 한 잔 어때세요? 신선한 라떼는 묵혀 둘 필요가 없습니다. 모든 이의 삶의 가치를 존중하듯이 모든 이의 오늘 하루 삶도 존중받는 세상이 오길 기대합니다.

알려고 한들 다 알 수 없습니다. 저도 제가 다람쥐들을 잘 안다고 고상한 척하며 괜히 옳은 소리라고 떠드는 스노비즘snobbism에 빠지진 않았나 걱정도 됩니다. 제가 다람쥐들을 얼마나 알겠습니까. 짧은 경험과 나머지는 머릿속에서 나온 뇌피셜(뇌+오피셜)에 불과할 수도 있습니다. 이 책을 읽은 다람쥐가 저를 보고 전문가가 아닌, 비슷하지만 비속어가 포함된 나쁜 말(차마 여기에 적지는 못하겠습니다)로 부르며 놀릴 수도 있습니다. 저는 다람쥐 전문가가 되는 것을 꿈꾸지 않습니다. 그저 다람쥐들이 오늘도 행복했으면 좋겠습니다.

그러기 위해선 다 알려고 하지 말고 그들을 믿어 줍시다. 다람쥐야 우리와 같은 사람이니, 좀 표현이 이상합니다만 실수할 수도 있고 넘어질 수도 있습니다. 그러나 진정 신뢰하고 믿을 수 있는 것이 있습니다. 바로 하나님의 사랑입니다. 하나님을 신뢰한다면 다람쥐들을 풀어놓아 다니게 할 수 있습니다. 다람쥐들이 무엇을 한들 기독교 신앙은 무너지지 않는다는 믿음입니다. 나의 신앙을 전수하는 것이 아니라 스스로 제자의 삶을 살도록 도움을 주는 것만으로도 충분합니다.

저는 찬송가를 좋아합니다. 백 년 이상 오래된 가사와 선율을 현재의 우리가 부르는 것 자체가 은혜롭습니다. 요즘 분위기에 맞춰서 편곡한 예배 곡들도 좋아합니다. 과거와 현재가 만나 한 하나님을 찬양하는 것에서 놀라운 신비를 경험합니다. 그중 가장 좋아하는 찬송가는 「내 평생에 가는 길」(413장)입니다. 이 곡의 가사를 쓴 호레이쇼 스패포드

Horatio G. Spafford는 미국의 변호사이자 가장으로서 남부러울 것 없는 사람이었습니다. 그러나 1873년 그는 여객선 사고로 자신의 사랑하는 네 명의 딸을 모두 잃었습니다. 그럼에도 스패포드는 고백합니다.

"내 영혼, 내 영혼 평안해
It is well, It is well with my soul"

괜찮아, 괜찮아. 그래도 평안하다는 그의 고백이 오늘날에도 살아 있습니다. 1873년, 뉴욕을 떠나 프랑스로 향하던 여객선 '빌르 드 아브르'가 사고를 당한 지, 150년이란 시간이 지났습니다. 그사이에 복음이 한반도로 들어왔고 한국 개신교는 세계 기독교의 성공한 모델이 되었습니다. 뉴욕 무디 전도단 소속이자 지역 교회 집사였던 스패포드의 신앙생활과 한국 교회 집사님의 신앙생활의 모습이 같을까요? 언어, 예배, 삶의 모든 양식이 다를 것입니다. 그러나 동일한 찬양으로 하나님을 높이고 있습니다. 이 고백을 오늘 우리가 할 수 있다는 것, 그 자체가 멋진 일입니다. 고백의 모습과 내용은 조금씩 변해 왔습니다. 그러나 대상은 변하지 않습니다. 교회는 변하지만 하나님은 변하지 않습니다.

저 마귀는 우리를 삼키려고 입 벌리고 달려와도
주 예수는 우리의 대장되니 끝내 싸워서 이기리라.

이 찬송의 2절 가사가 참 좋습니다. 이 찬송을 입으로 부르고, 찬송시를 마음으로 묵상할 때면, 싸움의 자세가 바뀝니다. 시편 23편의 심상이 떠오르기도 합니다.

"내가 사망의 음침한 골짜기로 다닐지라도 해를 두려워하지 않을 것은 주께서 나와 함께하심이라 주의 지팡이와 막대기가 나를 안위하시나이다"(시 23:4).

전쟁은 나에게 속한 것 아니니, 걱정할 것 없습니다. 주 예수는 우리의 대장 되시니, 결국 승리합니다. 괜찮습니다, 괜찮습니다. 내 영혼은 평안합니다, 안전합니다.

"내 영혼, 내 영혼 평안해
It is well, It is well with my soul"

이 멋진 고백이 오늘날에도 이어지면 좋겠습니다.

지금까지 이 책에서 세대 간의 차이를 드러냈습니다. 150년 동안의 변화를 전부 말할 수 없습니다. 하물며 2000년이 넘은 기독교 역사는 어떻겠습니까. 2000년 동안 그리스도인의 모습과 교회는 변해 왔지만 하나님은 변하지 않으셨습니다. 아브라함의 하나님, 이삭의 하나님, 이스라엘의 하나님이 우리 하나님이라는 사실을 믿습니다. 차이는 드러났지만, 이 차이가 풍성한 앎과 사랑을 제공할 것이라고 기대합니다. 다른 것은 틀린 것이 아닙니다. 이제 다람쥐들의 새로운 언어, 새로운 번역, 새로운 표현 덕분에 먼 옛날 '아브라함과 이삭의 하나님'의 뜻이 이 땅 가운데 임할 것입니다. 오늘도 어제처럼 여전히, 내일도 변함없이. 예수님은 오늘도 다람쥐들에게 찾아오셔서 이렇게 말씀하십니다.

"너희에게 평화가 있기를!"(요 20:26, 새번역)

다람쥐들에 관한 대화

아래 질문들을 전부 나누지 않아도 좋습니다. 모임 구성원에 알맞은 질문을 선택하여 충분한 대화를 나누어 주세요.

❤ 가족과 이웃의 역할에 주목하여 나사로의 이야기를 다시 읽어 봅시다(눅 17:17-44). 우리의 역할은 무엇인가요? 무엇이 다람쥐들을 자유롭지 못하게 하는지 생각해 봅시다.

❤ "너희 세대는 이래서 이래!" 내가 가지고 있는 편견으로 이웃과 다람쥐를 바라보았던 경험이 있는지 생각해 봅시다. 낯설게 하기, 곧 편견으로 보지 않으면서도 사랑의 눈으로 보는 것이 가능할까요?

❤ 오늘날은 감수성이 중요한 시대입니다. 그동안 생각하지 못했던 이웃이 가진 불편함이 무엇이 있을지 생각해 봅시다. 내가 조금 불편하더라도, 교회 안에서 서로를 위한 약속을 만들어 볼까요? 더불어 우리가 살아가는 지구를 위해서도요. (서로 간의 경어 사용하기, 비건을 위한 식단 준비하기, 일회용품 사용 줄이기 등)

❤ 새로움은 무조건 받아들여야 하는 것이 아닙니다. 철저한 임상 실험이 요구됩니다. 교회 안에서 다람쥐들의 새로운 언어와 삶을 지도할 기준은 무엇이며, 우리가 포기할 수 없는 것은 무엇인가요?

❤ 시편 23편을 함께 읽습니다. 여러분의 라떼와 현재 교회가 달라진 점을 이야기해 봅시다. 그리고 다람쥐의 소리에 귀를 기울이는 방법에 대해 생각해 봅시다.

에필로그

다람쥐의 등에 줄무늬가 생겨난 이유를 아시나요? 시베리아 설화[39]에 의하면, 아주 옛날, 다람쥐 등에는 줄무늬가 없었답니다. 어느 날 밤, 용감한 다람쥐가 곰과 함께 누가 먼저 햇빛을 찾을 것인지 내기를 했습니다. 곰과 다람쥐는 언덕 위로 올라가 서로 등을 맞대고 각각 햇빛을 기다렸습니다. 곰은 아침에 해가 뜨는 산 아래의 계곡을, 다람쥐는 반대편 해가 지는 산을 바라보았죠. 곰은 생각했습니다.

'바보 같으니라고, 다람쥐는 저녁때까지 해를 볼 수 없을거야!'

다람쥐와 곰은 햇빛을 기다리며 밤을 지새웠어요. 어느덧 새벽이 되자, 날이 조금씩 밝아 오기 시작했습니다. 곰의 앞쪽 검은 계곡이 조금 밝아졌지만, 햇빛은 아직이었어요. 그런데 그때, 곰의 등 뒤에서 다람쥐의 소리가 들렸습니다.

"보인다! 보여! 내가 먼저 햇빛을 찾았어!"

깜짝 놀란 곰이 뒤를 돌아보니 높은 산꼭대기가 햇빛으로 타올라 황금빛으로 빛나고 있었어요. 하지만 곰이 바라보고 있는 계곡은 여전히 어두웠답니다. 곰은 다람쥐가 기뻐하며 춤을 추는 모습을 보자 화가 났어요. 화가 난 곰이 다람쥐를 낚아채려 했지만, 재빠른 다람쥐는 도망쳤습니다. 그때 곰의 날카로운 손톱이 다람쥐의 등 뒤를 할퀴었어요. 다람쥐 등의 상처는 흉터로 남았고 지금까지도 다람쥐의 등에는 선명한 줄무늬가 남아 있습니다. 용감했던 다람쥐는 그 이후로 용기를 잃고, 겁이 많아졌어요. 지금도 줄무늬 다람쥐는 누군가 보이면 땅 밑과 나무 위로 재빨리 숨어 버리곤 한답니다.

　어떻게 하면 다람쥐가 다시 용기를 얻을 수 있을까요?

주

1   케빈 크로슬리-홀랜드, 『북유럽 신화』, 서미석 옮김 (파주: 현대지성, 2016), 28.

2   William Strauss, Neil Howe, *Generation: The History of America's Future*, 1584 to 2069 (New York: Quill / William Morrow, 1991).

3   이무진, 「참고사항」

4   이은혜, "기독 청년들이 교회를 떠나는 이유", 뉴스앤조이 인터넷 기사, https://www.newsnjoy.or.kr/news/articleView.html?idxno=302599

5   「근로시간 해당여부 판단기준 및 사례」, 고용노동부 홈페이지, http://moel.go.kr/policy/policybbs/workinghour/52bbsView.do?bbs_seq=20180600324

6   프리드리히 니체, 『도덕의 계보학』, 홍성광 옮김 (고양: 연암서가, 2020), 7.

7   김양진, "갈수록 낮아지는 9급 공무원시험 경쟁률… 왜?", 한겨레 신문 인터넷 기사, https://www.hani.co.kr/arti/area/area_general/1033158.html

8   김정남, "코로나 新풍속도…미국은 지금 '거대한 퇴사 행렬'", 이데일리 인터넷 기사, https://www.edaily.co.kr/news/read?newsId=01190646629246048

9 대표적인 글로는 「고리대금업에 관한 긴 설교(1520)」, 「상업과 고리대금업(1524)」이 있다.

10 이윤정, "'부모보다 가난한 첫 세대' 청년층, 팬데믹에 더 아프다", 경향신문 인터넷 기사, https://www.khan.co.kr/world/world-general/article/202104261651001

11 디스코드의 전반적인 설명과 커스터마이징, API봇 등 더 자세한 내용은 중앙일보의 기사를 참고하라. 트랜D, "[트랜D] 디스코드는 왜 핫한가?", 중앙일보 인터넷 기사, https://www.joongang.co.kr/article/25038578

12 김중기, 『참가치의 발견』 (서울: 예능, 1995), 224-225.

13 황백희, "신라호텔 망고빙수, 10만원 육박…외려 소비심리 당기나", 뉴스워커 인터넷 기사, http://www.newsworker.co.kr/news/articleView.html?idxno=156386

14 권남영, "아들이 빚 내서 '별풍선' 결제… 환불 놓고 갑론을박", 국민일보 인터넷 기사, https://n.news.naver.com/mnews/article/005/0001489531?sid=105

15 김채연, "BJ 김윤중에게 '별풍선 환불' 요구한 BJ, 끝내 방송국 영구정지 처분…미풍양속 위배", 탑스타뉴스인터넷 기사, https://www.topstarnews.net/news/articleView.html?idxno=14656282

16 인사이더insider의 줄임말로, 무리 안에서 적극적으로 활동하고 인기가 많은 사람을 뜻한다. 반대말은 아웃사이더outsider를 줄인 말인 '아싸'다.

17 2020년 MBC 예능 「놀면 뭐하니?」 유재석 씨의 부캐 유산슬

18 pmg 지식엔진연구소, 「시사상식사전」, 박문각, https://terms.naver.com/entry.naver?docId=5962926&cid=43667&categoryId=43667

19 김난도 외 8명, 『트렌드 코리아 2020』 (서울: 미래의 창, 2019), 193.

20 김명석, "'16강 확률 높지는 않다' 박지성 '소신 발언'에 담긴 메시지", 스타뉴스 인터넷 기사, https://sports.news.naver.com/news.nhn?oid=108&aid=0003081706

21 배지헌, "'메달 지상주의 지고, 성평등 이슈 뜨고' 스포츠 신인류 탄생 알린 도쿄올림픽", 스포츠춘추 인터넷 기사, http://www.spochoo.com/news/articleView.html?idxno=87273

22 보건복지부, 한국생명존중희망재단, 「2022 자살예방백서」, https://seoulmentalhealth.kr/library/paper-collections/347

23 생명존중시민회의, 「2022년 자살대책 팩트시트」, https://life2019.org/bbs/board.php?bo_table=aaa0&wr_id=45

24 김강일(2015). 상담자 자기개방에 대한 고찰. 사회과학담론과 정책, 8(1), 37-53.

25 마틴 로이드 존스, 『설교와 설교자』, 정근두 옮김 (서울: 복 있는 사람, 2012).

26 정재영 외 4명, 『교회를 선택한 사람들』 (서울: IVP, 2022).

27 게리 솔 모슨, 캐릴 에머슨, 『바흐친의 산문학』, 오문석, 차승기, 이진형 옮김 (서울: 책세상, 2006), 157-158.

28 라이너 마리아 릴케, 『두이노의 비가』, 손재준 옮김 (파주: 열린책들, 2015).

29 영화 자막(디즈니 플러스), "아름다움도 두려움도 모두 만나거라. 오직 걸어가기만 해야 한다. 감정에게는 이르지 못하는 먼 곳이란 없다"(『두이노의 비가』).

30 서윤경, "20~35세 성도만 모인 교회, 마음껏 '믿음의 실험'을 펴다", 더 미션 인터넷 기사, https://www.themission.co.kr/news/articleView.html?idxno=60010&fbclid=IwAR0tkUb5r2aJYvf4oYfzDKSRbSVX20kLWpQJhluTe6A61_2mFelI4n-RzPM

31 (메모: 더 최근 사례로는 한소망청년교회, 예능청년교회 등 대형교회의 사례들이

있다. 큰 공통점은 장소의 독립보다 재정의 독립이다.)

32 Bilingual, Intergenerational Worship and Ministry for Unity

33 홀리 채터턴 앨런, 크리스틴 로턴 로스, 『세대가 통합되는 교회』, 김진선 옮김 (서울: 파이디온선교회, 2021).

34 레슬리 뉴비긴, 『교회란 무엇인가』, 홍병룡 옮김 (서울: IVP, 2010), 179-185.

35 피터 버거, 『종교와 사회』, 이양구 옮김 (서울: 종로서적, 1993).

36 1967년 발행된 피터 버거의 책 제목

37 이근아, "개인이 미디어 주체? 진짜 권력은 플랫폼에 있다", 한국일보 인터넷 기사, https://m.hankookilbo.com/News/Read/A2023032709390001483

38 C.S. 루이스, 『천국과 지옥의 이혼』, 김선형 옮김 (서울: 홍성사, 2003).

39 https://vseskazki.su/vitaly-bianki-rasskazi/kuzyar-burunduk-i-inojka-medved.html, 김황, 『다람쥐』 (서울: 우리교육, 2011), 15-16. 『다람쥐』에 소개된 러시아 소수 민족의 옛 이야기는 다음 링크를 참조하라. https://m.blog.naver.com/justiceking/222724455012

다음세대입니다

1판 1쇄   인쇄 2024년 4월 26일
1판 1쇄   발행 2024년 4월 30일
1판 2쇄   발행 2024년 6월 14일

지은이   구선우

발행처   도서출판 뜰힘
발행인   최병인
편집   최병인
디자인   이차희
등록   2021년 9월 13일 제 2021-000037호
이메일   talkingworker@gmail.com
인스타그램 instagram.com/ddeulhim
페이스북   facebook.com/ddeulhim

ISBN 979-11-979243-5-4 (03230)

∴

뜰힘은 아래를 향하는 힘에 반하여 위로 뜨려는 힘입니다.